Marina Lommel

LOW CARB
typgerecht
express

MIT TEST: WELCHER TYP BIST DU?

südwest

INHALT

6 VORWORT

8 THEORIE

- **10** DIE TÜCKEN UNSERER STRESSIGEN WELT
- **22** LEBENSMITTEL FÜR FOODPUNKS
- **28** DIE 3 PHASEN IN DER ÜBERSICHT
- **29** DAS BAUKASTENSYSTEM
- **34** TEST: WELCHER TYP BIST DU?
- **38** DEIN TYPGERECHTER ERNÄHRUNGS-FAHRPLAN

44 REZEPTE PHASE 1

- **46** BOOST YOUR BRAIN – DAS FRÜHSTÜCK
- **56** BOOST YOUR BRAIN – MITTAGESSEN TO GO
- **68** BOOST YOUR BRAIN – DAS ABENDESSEN

80 REZEPTE PHASE 2

- **82** BURN THE FAT – DAS FRÜHSTÜCK
- **92** BURN THE FAT – MITTAGESSEN TO GO
- **102** BURN THE FAT – DAS ABENDESSEN

112 REZEPTE PHASE 3

- **114** EAT CLEAN – DAS FRÜHSTÜCK
- **122** EAT CLEAN – MITTAGESSEN TO GO
- **132** EAT CLEAN – DAS ABENDESSEN

144 REZEPTE DESSERT

- **155** BEZUGSQUELLEN
- **156** REGISTER
- **158** IMPRESSUM

Vorwort

Wir streben heutzutage nach Perfektion. Wir wollen in allen Bereichen unseres Lebens perfekt sein. Den perfekten Job, die perfekte Karriere. Wir wollen unsere Familie perfekt managen und unsere Kinder perfekt großziehen. Wir wollen unser Sozialleben pflegen und die perfekte Work-Life-Balance erreichen.

Online – in den sozialen Netzwerken – sehen wir das perfekte Leben: schlanke, schöne Frauen und Männer. Wundervoll eingerichtete Wohnungen. Tolle Karrieren, teure Autos. Gesundheit pur strahlt uns von den *celebrities*, den glanzvollen Persönlichkeiten der Facebook- und Instagram-Welt, entgegen.

Das wollen wir auch. Wir nehmen uns vor, im neuen Jahr endlich in allen Bereichen perfekt zu sein. Wir nehmen uns vor, 20 Kilo abzunehmen, nur noch gesund zu essen und wirklich täglich Sport zu machen.

Die fabelhaften guten Vorsätze

Es ist Silvester, die guten Vorsätze sind gefasst. Ab morgen, im neuen Jahr, sind wir endlich die Person, die wir schon immer sein wollten. Zumindest arbeiten wir ab jetzt daran.

Wer im alten Jahr den Dschungel der Diät- und Ernährungsratgeber noch nicht durchforstet hat, beginnt im neuen Jahr damit. Und hier begegnet uns gleich das erste Problem: Tausende verschiedene Ratgeber und Online-Experten preisen ihre Methoden an, schreien quasi von allen Dächern: Nur noch mageres Protein! Nur noch Obst! Saftkur! … Motiviert saugen wir alle Informationen in uns auf und merken nach kurzer Zeit: Irgendwie widerspricht sich das alles gegenseitig – was ist eigentlich richtig für mich?

Wer sich für eine neue Diät entschieden hat, geht – immer noch motiviert – zur Sache. Die Regeln werden studiert und Zutaten eingekauft. Der erste Tag: Hunger. Der zweite Tag: Hunger. Der dritte Tag: Stress in der Arbeit, Stau auf dem Heimweg, keine Zeit zum Einkaufen. Pizza.

Innerhalb weniger Tage sind die guten Vorsätze in alle Winde verflogen. Warum? Gesunde Ernährung ist kompliziert.

Wir gegen den Rest der Welt

Denn wer sich wirklich gesund ernähren will, stößt auf allerlei Hindernisse. Das Komplizierte an einer Ernährungsumstellung ist eigentlich nicht das Essen an sich. Sondern die Welt um uns herum.

- Wir ertrinken in der Informationsflut. Jeder hat einen guten Rat, wenn es um gesunde Ernährung geht. Wir wissen nicht, was richtig für uns und unser Ziel ist.
- Wir haben keine Zeit. Arbeit und Familie verlangen uns viel ab. Wir wollen gesund essen. Aber gesunde Ernährung gibt es selten „to go".
- Wir stehen unter Stress. Dadurch steigt der Blutspiegel des Stresshormons Cortisol, das Hunger auf Junk Food, Süßigkeiten und schnelle Kohlenhydrate macht.
- Wir können an jeder Ecke schnell etwas essen. Die Supermärkte bieten haufenweise fertig oder fast fertig zubereitete Speisen und Snacks an. Imbiss-Buden und Franchise-Ketten locken uns mit schnellem Essen zum Mitnehmen. ABER: Selten ist wirklich gesundes Essen dabei! Industrienahrung ist extra so zusammengesetzt, dass wir schnell wieder Hunger bekommen – auf mehr.

- Wir sind allein. Selten spielt das Umfeld mit, wenn es um die Umstellung auf eine gesunde Ernährung geht. Die Kollegen machen Witzchen, und die Familie will „endlich wieder Pasta & Pizza".

Wie jetzt – soll ich es dann gleich lassen?

Nach all den Hindernissen, die ich beschrieben habe, denkst du dir vielleicht: Sie hat recht. Es ist viel zu kompliziert. Aber das stimmt nicht! Du musst nicht dein komplettes Leben umkrempeln, um gesund zu essen. Du musst nicht viele Stunden Arbeit pro Tag investieren, um abzunehmen. Du musst dich vom gesunden Lebensstil nicht noch zusätzlich stressen lassen. Denn Stress hast du genug – und genau der macht dick.

Du brauchst keine extrem aufwendigen Spezial-Rezepte mit 120 Zutaten und keine superduper Küchengeräte. Manchmal genügen kleine Änderungen – wenn es die richtigen sind. Gesunde Ernährung kann so simpel sein. Du musst nur wissen, an welchen Stellen die Gefahren lauern.

Genau dabei soll dir dieses Buch helfen. Gemeinsam sehen wir uns im Theorieteil die Tücken unseres Alltags an, und du wirst lernen, wie du diese Situationen geschickt meisterst, um deinem schlankeren und gesünderen Ich leicht und locker – ohne zusätzlichen Stress – immer näher zu kommen.

Nachdem du in diesem Buch die Ernährungsfallen im Alltag und smarte Lösungen dafür kennengelernt hast, geht es an die Theorie der Foodpunk-Ernährungsweise. Hier lernst du, welche Lebensmittel deinem Körper guttun und welche weniger. Auch wenn grundlegende Elemente einer gesunden Ernährung für alle gelten, haben wir nicht alle denselben Bedarf, denselben Lebensstil und dasselbe Ziel. Darum findest du im Anschluss einen Test, mit dessen Hilfe du deinen individuellen Fahrplan festlegen kannst.

Eine natürliche und ausgewogene Low-Carb-Ernährung ist für die meisten Menschen der beste Weg, um schnell und effektiv, aber auch langfristig gesund abzunehmen. Doch es existieren verschiedene Formen der Low-Carb-Ernährung: von *Ultra-Low-Carb* (ketogen) bis zu *moderatem Low Carb* mit etwas mehr Kohlenhydraten. Der Typ-Test hilft dir dabei, herauszufinden, welcher Weg für dich der beste ist, und du lernst, wie du mit einem Baukasten-System selbst supereasy schnelle gesunde Rezepte kreieren kannst.

Im Anschluss stürzen wir uns direkt in den Rezept-Teil mit seinen 70 leckeren Express-Rezepten für schnelle gesunde Mahlzeiten. Darunter findest du auch köstliche Desserts, denn gesunde Ernährung schmeckt, macht Spaß und enthält gern auch mal den einen oder anderen Gaumenschmeichler.

Ich wünsche dir viel Freude beim Lesen, eine stressfreie Ernährungsumstellung und natürlich viel Erfolg auf deinem Weg!

Wenn du Fragen hast, kannst du mich jederzeit unter marina@foodpunk.de kontaktieren. Übrigens findest du auf meiner Website www.foodpunk.de immer noch mehr Artikel mit Hintergrundwissen zu Ernährungsthemen.

Alles Liebe
Marina, Ernährungswissenschaftlerin und Foodpunk

THEORIE

DIE TÜCKEN UNSERER

STRESSIGEN WELT

In unserer stressigen Welt lauern die Dickmacher an allen Ecken. Lerne diese heimtückischen „Ernährungsfallen" rechtzeitig zu erkennen und ihnen geschickt auszuweichen. Denn wenn du die Hindernisse auf dem Weg zu deiner gesunden Ernährung kennst und sie im Alltag rechtzeitig *er*kennst, kannst du sie durch bewusste, kluge Entscheidungen auch leicht umgehen.

Viele „Motivationsräuber" begegnen uns bei unseren Bemühungen um einen schlanken und fitten Körper. Wenn du weißt, wo die Tücken lauern und wie du schlau damit umgehst, behältst du die Oberhand. Mit den richtigen Tricks und bewussten, klugen Entscheidungen wird das Abnehmen plötzlich so leicht!

Das sind die fiesesten „Fallstricke" auf dem Weg zu einer gesunden Ernährung in der heutigen Zeit:

- Industriell gefertigte Nahrungsmittel/Fertiggerichte
- Ständiger Stress und Zeitdruck
- Schlafmangel und zu viel Bildschirmarbeit
- Perfektionismus, der zusätzlich stresst

All diese Punkte machen uns nicht nur „im Magen" oder „im Kopf" Ärger – nein, sie beeinflussen auch zahlreiche Hormone in unserem Stoffwechsel.

Lebensmittelunternehmen stecken viel Geld in Forschungen, um herauszufinden, welcher Geschmack, welche Zusammensetzung und welches Mundgefühl am meisten Lust auf mehr machen und die Gier auf ein Produkt anstacheln. Produkte, die ganz gezielt so designt sind, dass sie Heißhunger auslösen, beeinflussen unsere körpereigenen Hunger- und Sättigungshormone.

Stress bringt unsere Nebennierenrinde dazu, Cortisol auszuschütten. Wenn dieses sogenannte Stresshormon im Übermaß vorhanden ist, macht es uns Hunger auf schnell verfügbare Energie: Zucker, schnelle Kohlenhydrate, Fast Food. Da uns heutzutage oft nicht nur die Zeit zum Einkaufen und Kochen fehlt, sondern auch die Zeit, um in Ruhe zu essen, futtern wir oft nebenbei und zu schnell, sodass der Körper kaum die Zeit hat, Sättigungshormone auszuschütten.

Wenn wir abends zu lange am Smartphone hängen oder vor dem Fernseher sitzen, wird das wichtige Schlafhormon Melatonin nicht freigesetzt, das eigentlich für einen regenerativen Schlaf und für Stressabbau zuständig ist.

Unsere moderne, von Stress geprägte Lebensweise bringt grundlegende hormonelle Mechanismen durcheinander, die eigentlich dazu dienen, uns gesund, schlank und leistungsfähig zu erhalten. Von uns meist unbemerkt betreibt unser hektischer, aufreibender Alltag Raubbau an unserer Gesundheit, indem er unser hormonelles Gleichgewicht stört.

Hormone sind immer stärker als unser Wille. Wenn sie nicht in der Balance sind, fallen uns eine gesunde Ernährung und damit verbunden ein gesundes Abnehmen wesentlich schwerer – wenn es überhaupt klappt. Das gleicht einem Kampf gegen Windmühlen. Solange *in* unserem Körper nicht alles reibungslos abläuft, können wir ihm *von außen* so viele Diäten aufdrängen, wie wir wollen – doch im besten Fall wird nur für kurze Zeit etwas passieren oder überhaupt nicht. Im schlechtesten Fall richten Diäten langfristig zusätzlichen Schaden an. So programmiert beispielsweise eine *Low-Fat-High-Protein*-Diät (die in der Fitness-Welt sehr beliebt ist) unsere Hormone langfristig auf Heißhunger und den Jo-Jo-Effekt. Eine *Low-Fat-High-Carb*-Diät (das ist z. B. im extremsten Fall eine strenge Frutarier-Ernährung, also nur Obst, sonst nichts oder auch Saftkuren) enthält dem Körper wertvolle Proteine vor und belastet langfristig die Leber und die Bauchspeicheldrüse mit einem konstanten Fruchtzucker-Strom.

Wir brauchen also eine Ernährung, die *mit* unserem Körper und dem Hormon-System im Team spielt und nicht dagegen ankämpft. Gesund abnehmen können wir nur *mit* unserem Körper, nicht *gegen* ihn!

Die gute Nachricht Nummer 1: Du bist nicht schuld, wenn es mit dem Abnehmen bisher nicht geklappt hat. Es ist nicht dein Mangel an Disziplin, der dir das Leben schwer macht, es sind all die Feinde einer gesunden Ernährung, die dein Hormonsystem torpedieren.

Die gute Nachricht Nummer 2: Du hast es in der Hand. Du kannst die Welt um dich herum zwar nicht grundlegend verändern. Aber du kannst mit kleinen Änderungen an den richtigen Stellen die Saboteure im Alltag geschickt austricksen. Hier stimmt das geflügelte Wort „Wissen ist Macht".

Wenn du die zugrunde liegenden Mechanismen erst einmal verstanden hast, wird es dir viel leichter fallen, gute Entscheidungen zu treffen. Mit dem nötigen Hintergrundwissen über Ernährung bist du zu jeder Zeit gegen die Tücken des Alltags gewappnet. Schauen wir uns also die Hormone unseres Stoffwechsels genauer an, die hier das Ruder in der Hand haben.

Insulin

Insulin ist wohl das bekannteste Hormon unseres Stoffwechsels. Es ist ein wichtiger Grund (aber nicht der einzige), warum die Foodpunk-Ernährung auf einer Reduktion der Kohlenhydrate beruht.

Nachdem du Kohlenhydrate gegessen hast, werden sie in deinem Magen-Darm-Trakt in ihre Einzelteile aufgespalten. Ein solcher Kohlenhydratbaustein ist der Einfachzucker Glukose, auch „Traubenzucker" genannt. Sobald der Körper Glukose aufnimmt, wird Insulin

Schon gewusst?

Die Evolution des Menschen begann vor Jahrmillionen. In dieser Zeit haben sich unsere Gene, die Enzyme unseres Stoffwechsels und unser ganzer Körper der Umwelt und der vorhandenen Nahrung perfekt angepasst. Der Ackerbau kam vermutlich vor rund 12 000 Jahren auf – das ist im Vergleich zu den davor liegenden mindestens 2,4 Millionen Jahren Entwicklungsgeschichte kein langer Zeitraum.

Doch auch die Ackerbauern erlebten immer wieder Notzeiten – infolge von Dürreperioden und Ernteausfällen. Die Bestellung der Felder war mit harter körperlicher Arbeit verbunden. Von Softdrinks, Knuspermüsli und Eis am Stiel ahnten unsere Vorfahren auch noch nichts.

Im Schlaraffenland leben wir erst seit wirklich kurzer Zeit. Die industrielle Herstellung von Nahrungsmitteln begann im 18./19. Jahrhundert. Aber erst seit den 1950er-Jahren, der Zeit des „Wirtschaftswunders", rufen uns Reklametafeln entgegen, welcher wundervoll zuckrige Schokoriegel es jetzt wieder sein muss. Erst seit dieser Zeit „baden" wir wirklich im Überfluss und kommen zu jeder Zeit an jedem Ort günstig und schnell an süßes und herzhaftes Junkfood. Und was sind 60 bis 70 Jahre im Verhältnis zu den über 2 Millionen Jahren der gesamten Evolution? Ein Staubkorn. Unsere Gene und unser Stoffwechsel hatten nie eine Chance, sich auf Industriefutter und damit auf schnell verfügbare Energie einzustellen.

ausgeschüttet. Das freigesetzte Insulin ist das Signal für unsere Zellen, dass jetzt Zucker im Anmarsch ist. Die Insulin-Moleküle docken an Zellen an und sorgen dafür, dass sich die Tore für die Glukose öffnen. So gelangt der Zucker in die Muskulatur.

Das Hormon wird von den Inselzellen („Langerhans-Inseln") der Bauchspeicheldrüse ausgeschüttet (daher auch der Name „Insulin").

An sich ist es ein sehr positives Hormon: Es sorgt für eine gute Aufnahme der ankommenden Energie in die Zellen – und auch Aminosäuren, die „Eiweißbausteine", gelangen durch das Signal von Insulin besser in die Muskulatur. Außerdem besitzt Insulin eine sättigende Wirkung: Zirkuliert Insulin im Blut, weiß das Gehirn, dass Energie im Körper angekommen ist und es seine Steuerung auf „satt" stellen kann, damit der betreffende Mensch nicht mehr weiterisst.

Nun kommt das große ABER: Solange wir so gegessen haben wie unsere Vorfahren, musste unser Körper nur mit natürlichen Lebensmitteln umgehen. Hin und wieder war die Nahrung knapp, hin und wieder haben sie den Jackpot geknackt und ein Mammut erlegt oder einen Strauch voll süßer Beeren gefunden. Sie wurden aber niemals von Weißbrot, Schokoriegeln und Chips „überschwemmt".

Das Insulin und die anderen Hormone unseres Stoffwechsels sind nicht darauf eingerichtet, dass ständig schnell verfügbare Kohlenhydrate nachgeliefert werden.

Dabei passiert Folgendes: Gelangt sehr viel Glukose schnell und auf einmal ins Blut, wird sehr viel Insulin ausgeschüttet. Das Insulin packt die Glukose rasend schnell in die Zellen, wodurch der Blutzuckerspiegel schnell wieder absinkt. So entsteht Heißhunger auf den nächsten Snack. Mit unseren 5 bis 6 Mahlzeiten und Snacks pro Tag locken wir andauernd Insulin. Das Hormon befindet sich in einem ständigen Auf und Ab, es fährt regelrecht Achterbahn. Wir fallen von einem Konzentrationsloch ins nächste und retten uns daraus wieder mit einem schnellen Snack.

Weil wir ständig Hunger auf Kohlenhydrate haben und ständig Snacks nachschieben, verliert der Körper seine Fähigkeit, Fett zu verbrennen. Denn sobald viel Insulin im Blut ist, wird die Fettverbrennung gestoppt. Die Kohlenhydrate werden also verarbeitet, aber das Fett, das der Snack mitliefert, landet direkt in den Fettzellen und wird dort für schlechtere Zeiten gespeichert. Nur dass diese schlechten Zeiten nie kommen, denn wir leben ja schließlich im Schlaraffenland.

Bring dein Insulin ins Gleichgewicht

Die größte Tücke unseres Alltags ist also das Schlaraffenland um uns herum. Überall begegnen wir Reklametafeln mit Riesenfotos von Leckereien. Wir können zu jeder Zeit essen. Wir tun das häufig auch – morgens eine kleine Portion Cornflakes, die nicht bis mittags satt macht. Also folgt um 11 Uhr der kleine Knusper-Snack am Vormittag. Dann ein Mittagessen in der Kantine. Von dort nehmen wir uns noch ein Dessert mit, das wir dann ein bis zwei Stunden später vertilgen. Am Nachmittag verführt uns der Appetit auf Süßes – es gibt Kuchen oder Schokolade. Am Abend sind wir dann vollends gestresst, wir haben schon vor dem Abendessen Hunger und holen uns noch eine Kleinigkeit für unterwegs. Zu Hause sind wir dann zu kaputt für eine echte Hauptmahlzeit und werfen lieber vor dem Fernseher noch einen kleinen Snack ein.

Mit ein paar cleveren Tricks bringst du deinen Insulinhaushalt wieder ins Gleichgewicht:

1. Iss 3-mal am Tag

Morgens, mittags, abends. Das ist absolut ausreichend. Wir müssen uns nicht rund um die Uhr Energie zuführen. Unser Körper ist bestens darauf eingerichtet, Nährstoffe zu speichern und sie im Lauf des Tages freizusetzen.

2. Mach 4 bis 6 Stunden Pause zwischen den Mahlzeiten.

Denn dein Körper muss die Chance haben, gespeicherte Nährstoffe (Fett, Kohlenhydrate) wieder freizugeben. Und diese Fähigkeit muss er erst wieder trainieren. Wenn du die Pausen einhältst, wirst du bei den drei Mahlzeiten auch mehr und mehr echten Hunger haben. Die Pausen zwischen den Mahlzeiten kurbeln die Fettverbrennung enorm an.

3. Verzichte auf schnelle Kohlenhydrate

Denn die locken zu viel Insulin und stacheln den Heißhunger an. Wenn du morgens Cornflakes isst, hältst du es kaum vier Stunden bis zum Mittagessen aus. Wenn du hingegen Kohlenhydrate zu dir nimmst, die langsam aufgespalten werden, wird nur langsam Insulin ausgeschüttet, und du bleibst lange satt. In Phase 1 der Foodpunk-Challenge sind grünes Gemüse und Beeren deine Kohlenhydratquellen, in Phase 2 kommen weitere Gemüse- und Obstsorten hinzu. In Phase 3 stehen zusätzlich stärkehaltige Kohlenhydrate auf dem Speiseplan. Zusammen mit den Ballaststoffen aus Gemüse werden sie nur langsam verdaut und aufgenommen.

Glukagon

Das Glukagon – der Gegenspieler des Insulins – ist ein etwas weniger bekanntes Hormon. Nachdem wir Kohlenhydrate mit der Nahrung aufgenommen haben, wird als Erstes Insulin ausgeschüttet. Daraufhin wird die Glukose in die Zellen geschickt. Alles, was nicht sofort verbraucht wird, wird in Muskulatur und Leber als Glykogen (ein Vielfachzucker, die Speicherform von Glukose) eingelagert oder in Fett umgewandelt. Wenn alles „aufgeräumt" und der Blutzuckerspiegel ziemlich niedrig ist, tritt Glukagon auf den Plan. Es sorgt nun dafür, dass wir zwischen den Mahlzeiten ausreichend Energie zur Verfügung haben. Während Insulin alles aufräumt und speichert, hat Glukagon die Aufgabe, die gespeicherten Nährstoffe wieder zu mobilisieren. Es sorgt dafür, dass das Glykogen aus der Leber abgebaut und die Glukose langsam und stetig ins Blut abgegeben wird.

Glukagon erhöht auch die Menge fettaufspaltender Enzyme (sogenannte Lipasen). Es fördert somit die Freisetzung von Fett aus den Depots. Die Fettsäuren gelangen ins Blut und können nun – etwa von der Muskulatur – als Energielieferanten verbraucht werden.

Wenn wir jedoch kontinuierlich vor uns hin futtern, hat das Glukagon kaum eine Chance. Denn es wird erst in Essenspausen ausgeschüttet, wenn wir Energie benötigen – dann werden die Speicher geleert. Solange Energie von außen nachgereicht wird, bleibt das Glukagon in seinem Versteck.

Bring dein Glukagon ins Gleichgewicht

Mit diesen Tricks sorgst du für eine natürliche Glukagon-Ausschüttung:

1. Iss zu jeder Mahlzeit eine Portion Protein

Normalerweise wird nach dem Essen Insulin ausgeschüttet. Es gibt aber ein Szenario, bei dem nach dem Essen nicht nur Insulin, sondern gleichzeitig auch Glukagon ausgeschüttet wird, obwohl die beiden eigentlich Gegenspieler sind: Wenn die Mahlzeit eine ausreichende Portion Protein enthält. Denn Protein stimuliert die Ausschüttung von Glukagon.

2. Achte auch für das Glukagon auf Pausen zwischen den Mahlzeiten

Die 4- bis 6-stündigen Pausen zwischen den Mahlzeiten sind nicht nur für eine geregelte Insulinfreisetzung wichtig. Auch um eine gesunde Ausschüttung von Glukagon zu erreichen, musst du auf diese Pausen achten. Denn Glukagon wird erst in den Esspausen so richtig aktiv und kann dann die Fettverbrennung fördern. Keine Sorge: Du gewöhnst dich rasch an diese vermeintliche Beschränkung und hast dann großen Nutzen davon!

3. Schlafe ausreichend

Wer chronisch zu wenig schläft und übermüdet ist, hat weniger Glukagon im Blut. Schon nach einer Nacht mit Schlafmangel sinkt der Glukagonspiegel ab. Auf diese Weise hemmt Schlafmangel die Fettverbrennung, und folglich erschwert chronischer Schlafmangel eine Gewichtsabnahme ganz enorm.

Leptin

Während Insulin und Glukagon abhängig von Mahlzeiten ausgeschüttet werden und ihre Werte im Tagesverlauf stark schwanken, wirkt Leptin als langfristiger Regulator. Die Insulin- und Glukagonmengen können mehrmals am Tag beträchtlich ansteigen und wieder absinken. Leptin dagegen ist viel „starrer": Es verändert seinen Gehalt eher von Woche zu Woche und von Monat zu Monat.

Das Hormon Leptin hat im Körper die Aufgabe einer „Füllstandsanzeige". Es gibt dem Gehirn Auskunft darüber, wie viele Fettreserven aktuell vorhanden sind. Ist viel Leptin im Blut, weiß das Gehirn, dass die Fettdepots gut gefüllt sind. Ist der Leptinspiegel eher niedrig, realisiert das Gehirn, dass das Speicherfett zur Neige geht – und kann entsprechend darauf reagieren.

Folglich löst Leptin im Körper ein Sättigungsgefühl aus. Viel Leptin heißt viele Vorräte – also schaltet das Gehirn auf „satt" und sorgt dafür, dass der jeweilige Mensch keine weitere Nahrung aufnimmt. Sind die Fettdepots gut gefüllt, werden außer dem Sättigungssignal noch weitere Mechanismen in Gang gebracht: Leptin regt die Schilddrüse an und diese ihrerseits den Stoffwechsel. Umgekehrt wächst bei einem niedrigen Leptinspiegel der Hunger, während der Stoffwechsel herunterfährt.

Auf diese Weise reguliert Leptin unser Gewicht. Seine Aufgabe ist es, die Menge der Fettreserven in einem gesunden Rahmen zu halten: nicht zu viel und nicht zu wenig. Wie aber kann dann ungesundes Übergewicht entstehen? Müsste jemand, der stark an Gewicht zunimmt, nicht eigentlich mehr Leptin im Blut haben, das ihn dann sehr satt macht und die Fettverbrennung fördert? Eigentlich ja! Aber hier kommt eine weitere Tücke unseres Schlaraffenlands zur Wirkung.

Jemand, der an Gewicht zunimmt, hat mehr Leptin im Blut. Und das macht – eigentlich – satt. Leider ist dieses Sättigungsgefühl aber nicht auf die Verlockungen des Alltags ausgelegt und ihnen häufig nicht gewachsen: Die Reize von saftigem Kuchen, knackiger Schokolade oder salzigen Chips sind oft stärker als unser natürlicher Sättigungsmechanismus. Wie oft hast du schon weitergegessen, obwohl du eigentlich satt warst? Vielleicht weil das Gericht so lecker war oder weil du es nur dort und nur dann bekamst?

Wenn wir unsere natürlichen Sättigungsmechanismen oft ignorieren, nehmen wir immer weiter zu. Man kann auch hier wieder von „Sabotage" sprechen: Industriefutter, Werbung und die emotionale Befrachtung des Essens bremsen unser natürlicherweise eingebautes Stoppsignal aus.

Bei kontinuierlich steigendem Übergewicht ist immer mehr Leptin im Blut – bis das Gehirn irgendwann „seine Ohren auf Durchzug stellt". Das Leptin sagt dem Gehirn Tag für Tag: „Hier sind genügend Reserven vorhanden." Also sendet uns das Gehirn das Signal „satt". Aber es geschieht nichts, wir essen trotzdem weiter. Wieder und wieder teilt das Leptin unserem Gehirn mit: „Hier sind genügend Reserven vorhanden! Hörst du nicht, Gehirn? Wir haben GENÜGEND RESERVEN!" Das Gehirn, das bisher immer brav „Sättigung erfolgt" signalisiert hat, hat keine Lust, sich anbrüllen zu lassen. Und stellt sich taub. Von nun an kann das Leptin anklopfen, rufen und schreien, so viel es will. Das Gehirn ignoriert sämtliche Kommunikationsversuche.

Das passiert bei starkem Übergewicht – es entsteht eine *Leptinresistenz*, und der natürliche Sättigungsmechanismus wird ausgehebelt. Trotz starken Übergewichts spürt man nun Tag für Tag nagenden Hunger und möchte mehr und mehr essen, ganz so, als herrsche ein Leptinmangel im Blut.

Eine durch *zu hohe Mengen* an Leptin entstandene Leptinresistenz ist aber nicht die einzige Art der Störung für diesen hormonellen Mechanismus. Eine Leptinresistenz wirkt so auf den Körper, als wäre *zu wenig* Leptin im Blut. Es kann aber tatsächlich auch schlicht zu wenig Leptin im Blut sein. Wann ist das der Fall? Klar, bei Untergewicht, wenn die Fettreserven zu gering sind. Aber auch Schlafmangel, ausgefallene Mahlzeiten und die *No-Carb*-Ernährung können dazu führen, dass der Leptinspiegel niedriger ist, als er den vorhandenen Fettreserven nach sein müsste. Bei einem zu niedrigen Leptinspiegel läuft dasselbe ab wie bei einer Leptinresistenz: Der betreffende Mensch bekommt intensiven Hunger, sein Stoffwechsel und die Fettverbrennung werden gedrosselt.

Was können wir dagegen tun? Bei einer Leptinresistenz aufgrund zu großer Fettreserven und eines zu hohen Leptinspiegels hilft nur eines: Gewicht abnehmen. Aber ist das denn überhaupt möglich, wenn man ständig Hunger hat? Ja. Hier musst du nur besonders darauf achten, dass deine Mahlzeiten exakt so zusammengesetzt sind, dass sie keinen Heißhunger hervorrufen und dich lange sättigen machen. Sämtliche Mahlzeiten der 3 Phasen unserer Foodpunk-Challenge sind so zusammengesetzt, dass sie dich satt machen, auch wenn du eine Leptinresistenz hast. Halte dich einfach an das Foodpunk-Baukastensystem. Wenn du dann abnimmst und dadurch dein Leptinspiegel wieder etwas absinkt, wird dein Gehirn irgendwann wieder auf die Signale des Leptins hören. Eine Leptinresistenz ist reversibel, das heißt umkehrbar.

Heb deinen Leptinspiegel auf natürliche Weise an

Um auch einen zu niedrigen Leptinspiegel wieder auf ein gesundes Niveau anzuheben, gibt es ein paar Kniffe, die ich dir hier verraten werde. Ich spreche dabei aber nicht von einem zu niedrigen Leptinspiegel als Folge von Untergewicht, denn hier ist der Mechanismus, dass Leptinmangel Hunger auslöst, sehr wichtig und im Extremfall lebensrettend. Bei einem durch Untergewicht verursachten zu niedrigen Leptinspiegel heißt die Lösung: gesunde Gewichtszunahme. Das nur am Rande, denn dieses Buch richtet sich an alle, die aus triftigen Gründen abnehmen wollen und nicht untergewichtig sind.

1. Iss in den ersten 30 Tagen immer ein Frühstück

Eine gewisse Menge Protein und Fett am Morgen sorgt für einen gesunden Leptinspiegel. Wer oft morgens nichts isst, mittags vielleicht nur trockenen Salat und abends dann dem

Heißhunger erliegt, der zerstört sein Leptin-Gleichgewicht. Du musst absolut nicht 4- bis 6-mal pro Tag essen. Aber gerade, wenn du erst mit einer kohlenhydratarmen Ernährung beginnst, ist das Frühstück sehr wichtig.

2. Schlafe ausreichend

Auch beim Thema Leptin spielt ausreichender Schlaf eine wichtige Rolle, denn Schlafmangel senkt den Leptinspiegel ab. So schaltet dein Gehirn auf „Hunger" und fährt den Stoffwechsel herunter, obwohl du eigentlich genug Energiereserven (Fett) gespeichert hast.

3. Lass nicht sämtliche Kohlenhydrate weg

Für eine gesunde Leptinproduktion ist (mindestens) eine kleine Menge Insulin notwendig. Darum rate ich ausdrücklich von der *No-Carb*-Diät ab, bei der man sogar auf Gemüse verzichten muss. Leider begegne ich oft einer Mentalität von „weniger ist besser" oder „je extremer, desto effektiver". Das klappt so aber nicht. 30 Gramm Kohlenhydrate pro Tag sind eine ausreichend geringe Menge, und darunter solltest du nicht gehen. Die Fettverbrennung ist dabei sehr aktiv, und trotzdem nimmst du ausreichend Vitamine und Mineralstoffe auf, und es werden günstige Mengen Insulin freigesetzt, die deine Leptinproduktion fördern.

Die heimlichen Stars der Sättigung

Von Insulin haben die meisten Menschen schon einmal gehört. Auch Glukagon und Leptin sind oft geläufig. Eher unbekannt sind allerdings die vielen kleinen Hormone, die im Magen-Darm-Trakt freigesetzt werden und ebenfalls einen erheblichen Einfluss auf Hunger und Sättigung haben, die sogenannten gastrointestinalen Peptidhormone. Ein Peptid ist eine Verbindung von Aminosäuren (Eiweißbausteinen), man könnte sagen, es ist ein kurzes Protein. Diese Hormone sind also klein. Da „Gastrointestinaltrakt" ein anderes Wort ist für Magen-Darm-Trakt, sind die gastrointestinalen Peptidhormone dementsprechend kleine Hormone, die im Magen-Darm-Trakt gebildet werden.

Dazu gehören Ghrelin, CCK (Cholecystokinin), Gastrin, Sekretin und viele mehr. Ihre Aufgabe ist es, genau zu analysieren, welche Nahrungsbestandteile den Weg in unseren Magen finden, und die notwendigen Mechanismen zu ihrer Aufnahme und Verwertung in Gang zu setzen. Jedes Hormon reagiert auf einen besonderen Reiz. So misst beispielsweise Ghrelin die Magendehnung und CCK den Proteingehalt unserer Nahrung. Wieder andere überwachen, wie viel Fett, wie viel Energie, wie viele Kohlenhydrate und so weiter im Magen und Darm ankommen – noch bevor überhaupt Glukose im Blut auftaucht und Insulin ausgeschüttet wird. Abhängig von der Zusammensetzung der Nahrung stellen die kleinen Hormone unsere Steuerung auf „satt" oder „Hunger".

Sinn und Zweck des Ganzen ist es, die ausreichende Versorgung mit allen Nährstoffen zu sichern. Erst wenn der Nährstoffbedarf in allen Bereichen wirklich gedeckt ist, singt der Chor der Hormone gemeinsam „satt" und teilt dem Gehirn mit, dass es seinerseits Sättigung signalisieren kann.

Damit die Versorgung mit genügend Nährstoffen immer gewährleistet ist, können die Hormone nicht nur Sättigungs- und Hungergefühl steuern.

Sie können auch regulieren, wie schnell sich der Magen bewegt, wie viele Verdauungsenzyme freigesetzt werden und wie schnell oder langsam der Magen die Nahrung an den Darm abgibt. Denn während *im Magen* die Nahrung zerkleinert und aufgespalten wird, werden *im Darm* die Nährstoffe aufgenommen – Energieträger wie Kohlenhydrate, Fette und Protein, aber auch Mikronährstoffe wie Vitamine und Mineralstoffe.

Um hier „hinterherzukommen" und alle vorhandenen Nährstoffe auch wirklich aufnehmen zu können, braucht der Darm Zeit. Wenn ein gastrointestinales Hormon also bemerkt, dass gerade sehr viele Nährstoffe auf einmal „angeschwemmt" werden, verlangsamt es die Verdauung und die Magenentleerung, damit die Darmzellen alles aufnehmen können und kein Nährstoff mal eben an der Darmschleimhaut „vorbeihuscht".

Industrienahrung spielt die Sättigungshormone gezielt gegen uns aus

Das Problem an unserem heutigen Schlaraffenland: Wir verzehren zu viele leere Kalorien. Je nährstoffärmer ein Lebensmittel ist, desto mehr müssen wir davon essen, bis alle Hormone feststellen, dass die Zufuhr an Nährstoffen ausreicht, und das Sättigungsgefühl auslösen.

Und: Industrielle Nahrung ist gezielt so gefertigt, dass der Hunger auf das Produkt bestehen bleibt. Auch in der Lebensmittelindustrie arbeiten Ernährungswissenschaftler, und die kennen diese Prozesse ganz genau. Es wird viel Geld in Forschungsarbeit und Untersuchungen investiert, um Produkte so zu kreieren, dass sie schnell Lust auf mehr machen. Es widerspricht unserer Natur, dass wir noch Hunger haben, wenn wir eigentlich genügend Nährstoffe aufgenommen haben. Also legt es die Lebensmittelindustrie darauf an, mit ihren Produkten diesen natürlichen Sättigungsprozess auszuhebeln. Das schafft man über deren spezielle Zusammensetzung.

Unsere gastrointestinalen Hormone sind von Haus aus auf den Umgang mit natürlichen Nahrungsmitteln ausgelegt. Sie sind darauf trainiert, im richtigen Moment auf „satt" zu schalten. Doch aufgrund der speziellen Zusammensetzung industriell gefertigter Produkte werden manche Hormone nicht aktiviert. Und solange nicht alle gastrointestinalen Hormone gemeinsam dasselbe Signal geben – nämlich „Bei uns sind ausreichend Nährstoffe angekommen, liebes Gehirn, du kannst auf ‚satt' schalten!" – setzt das Sättigungsgefühl nicht richtig ein.

Die ultimative Heißhunger-Formel

Die Lieblingszusammensetzung der Industrienahrungsmittelproduzenten sieht so aus: etwa 50 Prozent Fett, 40 Prozent Kohlenhydrate und maximal 10 Prozent Protein. Man könnte diese Kombination auch als „Dickmacher-Formel" bezeichnen. Protein hat einen guten Sättigungseffekt, denn es stimuliert das Sättigungshormon CCK. Also ist es besser für die Lebensmittelindustrie, wenn in ihren Produkten nicht zu viel davon steckt. Müsliriegel, Frühstücks-Cornflakes, Schokoriegel und Chips halten sich sehr genau an diese „Zauberformel für Heißhunger". Am liebsten verarbeitet die Industrie Kristallzucker und Weißmehl, die den Blutzuckerspiegel schnell ansteigen lassen und den ganzen Tag über für Heißhunger sorgen. Auch billige, minderwertige (und unethisch erzeugte) Fette stehen hoch im Kurs.

Daher wirken industriell gefertigte Lebensmittel kaum auf unsere gastrointestinalen Hormone, setzen also unseren eingebauten Sättigungsmechanismus nicht in Gang. Die Hormone in unserem Magen-Darm-Trakt können den Industrieprodukten nichts abgewinnen – denn sie suchen stets nach wertvollen Nährstoffen, Vitaminen und Mineralstoffen.

Und solange sie diese nicht bekommen, bleibt das Signal auf „Hunger" stehen. Man kann also mehr und noch mehr von diesen Lebensmitteln essen, ohne jemals satt zu werden. Industrie-Lebensmittel sind die perfekten Sucht-Auslöser.

Die Sättigungshormone müssen ins Gleichgewicht zurückkehren

Der wichtigste Schritt, um unseren natürlichen Sättigungsmechanismus wiederherzustellen, besteht darin, dass wir auf natürliche Lebensmittel zurückgreifen. Denn kein natürliches Nahrungsmittel enthält die süchtig machende Kombination aus Fett und Kohlenhydraten.

Nur mit echten, natürlichen Lebensmitteln lieferst du deinem Körper alle Nährstoffe in ausreichenden Mengen. Die gastrointestinalen Hormone erkennen dies und schalten dementsprechend rechtzeitig auf „satt".

Hier die wichtigsten Tricks, wie du deine Hormone in einen natürlichen Hunger- und Sättigungsmechanismus zurückführst:

1. Schlafe ausreichend
Ja, dieser Punkt steht schon wieder oben auf der Liste. Das einzige gastrointestinale Hormon, das aktiv „Hunger" auslöst, ist das Ghrelin. (Die anderen Hormone können nur das Signal „satt" geben. Sind weniger von ihnen im Blut, bedeutet das automatisch „mehr Hunger".) Ghrelin steigt bei Schlafmangel an und macht dich noch hungriger.

2. Iss voluminös
Wenn du dich am Foodpunk-Baukasten orientierst, enthält dein Teller automatisch einen großen Teil Gemüse. Dieses Volumen ist wichtig. Denn ein Faktor, der zu deinem Sättigungsgefühl beiträgt, ist die Magendehnung. Sobald der Magen durch eine Mahlzeit ausreichend gedehnt ist, sinkt der Spiegel des Ghrelins, des Hungerhormons, ab.

3. Meide leere Kalorien
Solange zwar viele Kalorien in deinem Magen ankommen, aber nicht genug Vitamine und Mineralstoffe, bleibst du weiterhin hungrig. Einige Hormone im Magen-Darm-Trakt prüfen zwar, ob überhaupt ausreichend Kalorien eintreffen, und schalten dann auf „satt". Aber erst, wenn alle Hormone einstimmig dasselbe Signal aussenden, fühlst du dich wirklich satt. Darum achte darauf, dass deine Mahlzeiten stets reich an Mikronährstoffen sind, damit auch diejenigen Hormone, die auf diese Substanzen spezialisiert sind, dir das Sättigungsgefühl signalisieren können.

4. Packe Protein in jede Mahlzeit
Diesen Tipp habe ich dir bereits weiter vorn im Zusammenhang mit dem Glukagon gegeben. Aber auch hier wird er wieder relevant, denn das Sättigungshormon CCK reagiert auf Eiweiß in der Nahrung. Mach es also anders als die Lebensmittelindustrie und packe sättigendes Protein in jede Mahlzeit. Wenn du dich an den Foodpunk-Baukasten hältst, bist du auch hiermit gut versorgt.

5. Iss achtsam
Die Sättigungshormone brauchen etwas Zeit, bis sie dir ihre Befriedigung signalisieren können. Immerhin muss die Nahrung erst in deinen Magen gelangen. Dort wird sie zerkleinert und aufgespalten. Anschließend gelangt sie Stück für Stück in deinen Darm, wo nun geprüft wird, welche Nährstoffe darin stecken. Wenn du in der Zeit, die es braucht, bis das erste Sättigungshormon aktiviert wird, schon bergeweise Essen in dich hineingeschaufelt hast, kann es sein, dass das Sättigungsgefühl erst einsetzt, wenn du dir schon längst genügend Energie und Nährstoffe zugeführt hast. Kaue daher langsam und genieße jeden Bissen.

Stress und Schlaf – Cortisol und Melatonin

Die beiden Hormone Cortisol und Melatonin hängen nicht direkt mit der Nahrungsaufnahme zusammen und gehören folglich nicht zu den gastrointestinalen Hormonen.

Cortisol wird in der Nebennierenrinde gebildet und ist auch als „Stresshormon" bekannt. Melatonin wird im Gehirn in der Zirbeldrüse aus Serotonin hergestellt und auch „Schlafhormon" genannt. Es steuert unseren Tag-Nacht-Rhythmus.

Obwohl diese Hormone auf den ersten Blick nichts mit Essen und Abnehmen zu tun haben, werden wir beim zweiten Blick erkennen, dass sie doch einen enorm großen Einfluss auf unsere Fettverbrennung, unseren Hunger und unsere Gesundheit haben.

Stress ist eigentlich eine gute Sache. In Stresssituationen wird Cortisol ausgeschüttet, damit wir besonders wachsam sind, voller Energie, und schnell aus einer kritischen Situation entkommen können. Das Hormon Cortisol kurbelt die Fettverbrennung an, damit ausreichend Energie mobilisiert wird. Es erhöht außerdem die Neuproduktion von Glukose aus Aminosäuren (den Proteinbausteinen). Es verlangsamt den Verdauungsprozess und verdrängt jede Müdigkeit. Im Alltag unserer Vorfahren zählten zu den Stresssituationen beispielsweise Angriffe von wilden Tieren oder feindlichen Stämmen. Sobald eine solche Situation auftrat, wurden ihre Körper in null Komma nichts mit Cortisol geflutet, und sie hatten auf einen Schlag ausreichend Energie, um entweder kämpfen oder fliehen zu können. Sie entkamen der Bedrohung, ohne von irgendwelchen körperlichen Bedürfnissen beeinträchtigt zu werden (Toilettendrang, Müdigkeit). Sobald die akute Gefahr vorüber war, sank ihr Cortisolspiegel wieder ab.

Heutzutage lauert der „Feind" an jeder Ecke. Uns stressen der Chef, der Berufsverkehr, Familienmitglieder und die allgegenwärtige, lautstark anbrandende Informationsflut unserer Zeit. Stress ist allgegenwärtig, und das Cortisol wird nie wirklich abgebaut, weil dazu gar keine Gelegenheit besteht. Ist der Cortisolspiegel zu lange erhöht, wird andauernd Glukose produziert – aus Aminosäuren, und das bedeutet: Unsere Proteinreserven in der Muskulatur nehmen ab. Nicht gut, denn die Muskulatur ist unser bester Partner bei der Fettverbrennung. Sie verbraucht Energie und verbrennt Fettsäuren. Wenn ständig neue Glukose hergestellt wird, steigt der Insulinspiegel und hemmt die Fettverbrennung. Obwohl das Cortisol kurzzeitig die Mobilisierung von in den Depots gespeichertem Fett fördert, erschwert oder verhindert ein Übermaß an Cortisol die Gewichtsabnahme.

Melatonin steuert unseren Tag-Nacht-Rhythmus. Ein hoher Melatoninspiegel verursacht Müdigkeit, wenn der Spiegel dann in den Morgenstunden wieder sinkt, werden wir wach. In unserer modernen Welt wird das natürliche Auf und Ab des Melatoninspiegels aber durcheinandergebracht. Denn solange helles Licht ins Auge fällt, wird kein Melatonin produziert. Erst in der Dämmerung, wenn das Licht langsam rötlicher wird, gelangt allmählich Melatonin in die Blutbahn. Allerdings bekommen unsere Augen kaum mehr eine natürliche Dämmerung mit: Sobald es etwas dunkler wird, schalten wir das Licht an. Wir sitzen bis kurz vor dem Schlafengehen vor dem Fernseher, dem Computer oder dem Smartphone. Das Licht dieser Bildschirme stoppt unsere natürliche Melatonin-Ausschüttung besonders effektiv. So passiert es, dass wir nach einem langen und anstrengenden Tag zwar absolut erschöpft sind, aber dann im Bett keinen Schlaf finden können. Obwohl wir uns körperlich sehr müde fühlen, dauert es noch einige Zeit, bis wir endlich einschlafen. Fatal ist es dann, wenn wir im Bett noch weiter TV-Serien schauen oder mit dem Handy herumtun, bis uns endlich die Augen zufallen.

Aufgrund des vielen hellen Lichts am Abend wird erst zu spät Melatonin freigesetzt. Das Hormon verbleibt eine gewisse Zeit im Blut, bis es wieder abgebaut wird. Da es abends jedoch zu spät ins Blut freigesetzt wurde, ist es morgens, wenn unser Wecker klingelt, noch nicht wieder abgebaut. Folge: Wir fühlen uns wie gerädert und müssen uns aus dem Bett zwingen. Erst durch genügend Tageslicht wird Melatonin wieder effektiv abgebaut.

Abnehmen abseits des Tellers

Wie du bereits gelesen hast, ist ein ausreichend langer und erholsamer Schlaf enorm wichtig, damit die Fettverbrennung richtig funktioniert und kein Heißhunger aufkommt. Ich gebe dir hier noch einige Tipps, die dir das Abnehmen erleichtern:

1. Nimm abends Magnesium
Magnesium am Abend hilft beim Cortisolabbau und fördert einen regenerativen Schlaf. Verwende auf jeden Fall reines Magnesiumcitrat ohne Zusatzstoffe (Aromen und Süßungsmittel). Ebenfalls empfehlenswert sind warme Magnesiumbäder, da dein Körper den Mikronährstoff über die Haut noch viel besser aufnehmen kann. Sei am Anfang mit der Dosierung vorsichtig, da Magnesium im Übermaß abführend wirken kann. Steigere die Menge behutsam.

2. Meide blaues Licht am Abend
Ideal ist es, wenn du bereits zwei Stunden vor dem Schlafengehen auf Arbeit an einem Bildschirm und zu viel Smartphone-Gebrauch verzichtest. Wenn dir das nicht möglich ist, können dir folgende Tricks helfen: Viele Smartphones haben mittlerweile einen Night-Shift-Modus, bei dem der Bildschirm am Abend weniger bläulich leuchtet und weniger hell wird. Für PCs gibt es entsprechende kostenfreie Software (z. B. f.lux). Mithilfe bestimmter Glühbirnen kannst du abends das Licht in deinen Räumen auf eine wärmere Farbtemperatur bringen. Toll helfen auch spezielle Brillen, die kurzwelliges blaues Licht abblocken und nur langwelliges rotes Licht durchlassen. (Das langwellige rote Licht hat keine negative Wirkung auf die Melatoninausschüttung.)

3. Tank morgens Tageslicht
Während du abends die Melatoninproduktion fördern möchtest, wirst du morgens leichter fit, wenn du das Melatonin aus deinem Blut verscheuchst. Was abends schadet, ist morgens hilfreich: blaues Licht. Tanke Tageslicht, dreh die Beleuchtung voll auf und fördere so deinen natürlichen Tag-Nacht-Rhythmus.

4. Beweg dich täglich
Auch Bewegung am Morgen hilft, das Melatonin aus dem Blut zu vertreiben und schnell fit zu werden. Außerdem ist Bewegung ein Schlüssel zum Abbau von Cortisol. Wenn dein Alltag ohnehin eher stressig ist, achte darauf, nicht durch intensiven Leistungssport noch mehr Stress aufzubauen. Treibe lieber mit mittlerer Intensität einen Sport, der dich angenehm auspowert oder einfach nur Spaß macht.

5. Nimm dir Zeit für dich selbst
Leg immer wieder Ruhepausen ein. Du solltest jeden Tag eine gewisse Zeit ohne Arbeit, Fernseher, Smartphone & Co. verbringen. Genieß eine schöne Tasse heißen Tee, lies ein Buch oder taste dich an eine Form der Meditation heran. All das hilft dir, Stress loszulassen und den Abnehm-Hemmer Cortisol abzubauen.

LEBENSMITTEL

FÜR FOODPUNKS

Die richtigen Lebensmittel in der richtigen Kombination sind der Schlüssel für eine lang anhaltende Sättigung, hervorragende Fettverbrennung und eine Gewichtsabnahme ohne Hungerqualen. Welche Lebensmittel solltest du häufig verzehren und welche gehen gar nicht, weil sie deiner Gesundheit und Fitness schaden? In diesem Kapitel erfährst du, wie du das in der Theorie Gelernte in die Praxis umsetzt.

In deiner Foodpunk-Challenge gehst du auf Abstand zu industriell hergestellten Süchtigmachern. Du lernst, wie du aus naturbelassenen Komponenten wunderbar schmackhafte Speisen zubereiten kannst. Mit der Zeit wird dein Geschmacksempfinden immer feiner, und du lernst die Vielzahl natürlicher Aromen zu schätzen.

Bei der Foodpunk-Ernährung tankst du täglich wertvolle Nährstoffe und meidest die Lebensmittel, die dir Energie rauben. Du verzichtest auf Lebensmittel, die dein Wohlbefinden mindern und Unverträglichkeiten fördern können. Denn nur ein gesunder Körper lässt freiwillig unnötige Fettreserven los.

Hochwertige Lebensmittel sind die Basis: gutes Protein, wertvolles Fett, viel Gemüse.

Kohlenhydratquellen

Bei der Foodpunk-Ernährung gibt es je nach Typ 30 bis 100 Gramm Kohlenhydrate pro Tag. Dabei setzen wir auf Lieferanten von Kohlenhydraten, die besonders langsam aufgespalten werden und den Körper somit langsam und stetig versorgen.

Aufgrund der genau durchdachten Zusammensetzung der Mahlzeiten muss niemand unter 30 Gramm Kohlenhydrate pro Tag gehen. Auf diese Weise ist dir eine sehr gute Versorgung mit Vitaminen und Mineralstoffen gesichert.

Dies sind die erlaubten Kohlenhydratquellen:

Gemüse: Gemüse wird die Grundlage deiner Mahlzeiten bilden. Gemüse liefert dir Ballaststoffe, die du zu deiner Sättigung brauchst. Außerdem versorgt es dich mit Mikronährstoffen – also mit Vitaminen und Mineralstoffen, die für viele Funktionen unseres Körpers essenziell sind.

Vor allem grüne Gemüsesorten sind sehr kohlenhydratarm. Je bunter das Gemüse, desto mehr Kohlenhydrate enthält es in der Regel. In der ersten Phase („Boost Your Brain") mit sehr wenig Kohlenhydraten greifst du darum vor allem zu grünem Gemüse. In den Phasen 2 und 3 („Burn The Fat" und „Eat Clean") sind auch alle bunten Gemüsesorten erlaubt. Gemüse nimmt immer den meisten Platz auf deinem Teller ein.

Stärkehaltige Gemüsesorten: Einige Gemüsesorten gehören umgangssprachlich eher zu den „Sättigungsbeilagen" – beispielsweise Kartoffeln. In Phase 3 („Eat Clean") isst du 100 Gramm Kohlenhydrate am Tag, und dafür benötigst du etwas mehr als nur klassisches Gemüse. Erlaubt sind in dieser Phase kohlenhydratreichere Knollen wie Süßkartoffel, Kartoffel oder Kassave (Maniok). Sie liefern Energie und einige Kohlenhydrate, die wichtig für den Spiegel des Hormons Leptin sind. Verwende hiervon aber nur so viel, wie im Baukasten für Phase 3 angegeben.

Obst: Auch Obst wird dir in deiner Challenge begegnen – sieh es aber eher als das „Dessert von Mutter Natur". Obst enthält Fruchtzucker, den du nur in Maßen konsumieren solltest. Wenn du dich an die Obstmengen aus dem Baukasten und den Rezepten hältst, bist du auf der sicheren Seite. In Obst stecken keine Mikronährstoffe, die du nicht auch in Gemüse findest, es ist aber eine schmackhafte Leckerei, auf die du nicht zu verzichten brauchst.

Proteinquellen

Die Foodpunk-Ernährung ist auf jeden Fall keine High-Protein-Ernährung. Die Verfechter einer solchen Ernährungsweise, wie man sie zum Beispiel im Fitness-Bodybuilding-Bereich oftmals antrifft, verzehren pro Tag häufig 150 Gramm, 200 Gramm oder gar noch mehr Protein. Die Rezepte in diesem Buch sind jedoch auf eine Proteinmenge von „nur" 80 Gramm pro Tag ausgerichtet. Die Foodpunk-Ernährung legt Wert auf eine ausreichende Proteinzufuhr. Eiweiß ist ein wichtiger Baustoff für Muskeln und andere Körperstrukturen. Es sollte aber kein Energielieferant sein, denn es ist ein schlechter Brennstoff. Der Eiweißüberschuss wird in Glukose umgewandelt und wie Kohlenhydrate verstoffwechselt. Mit der Menge, die dir in diesem Buch im Baukasten und in den Rezepten vorgegeben wird, bist du gut versorgt – es ist nicht zu viel und nicht zu wenig.

Bediene dich nicht für jede Mahlzeit beim selben Proteinlieferanten. Jede Proteinquelle enthält Aminosäuren in unterschiedlicher Zusammensetzung (Aminosäuren sind die Eiweißbausteine). Um einen guten Mix davon zu bekommen, solltest du Protein aus einer Vielzahl von Quellen zu dir nehmen.

Fleisch und Geflügel: Bei Fleisch hängt die Fettsäurezusammensetzung vor allem von der Tierhaltung ab. Fleisch von Tieren, die in Mastbetrieben mit Getreide vollgestopft werden, enthält besonders viel entzündungsfördernde Omega-6-Fettsäuren. In hochwertigem, gutem Fleisch von Weiderindern stecken dagegen entzündungshemmende Omega-3-Fettsäuren. Achte daher unbedingt auf die Herkunft und Haltung der Tiere, deren Fleisch du zu dir nimmst.

Fisch und Meeresfrüchte: Auch bei Fisch hat die Haltung, insbesondere das verwendete Futter, einen großen Einfluss auf die Fettsäurezusammensetzung. Iss Fisch aus nachhaltigem Wildfang oder bio-zertifizierten Aquakulturen. Rund zweimal die Woche sollte fetter Seefisch, wie Lachs oder Thunfisch, auf deinem Speiseplan stehen.

Eier: Eier sind eine wunderbare Proteinquelle und liefern gleichzeitig wertvolle Fettsäuren und Cholin. Die Behauptung, dass Eier den Cholesterinspiegel negativ beeinflussen, ist schon lange widerlegt. Ein zu hoher Cholesterinspiegel hängt vielmehr mit einem ungesunden Stoffwechsel und zu zahlreichen Entzündungsreaktionen zusammen, die durch ein Zuviel an schnellen Kohlenhydraten begünstigt werden. Iss Bio-Eier von glücklichen Hühnern, die Gräser und Würmer auf der Wiese picken dürfen.

Milchprodukte: Zwar sind Milchprodukte auch nützliche Proteinlieferanten, doch sie wirken anders auf uns als Fleisch, Geflügel, Fisch und Eier. Milchprodukte erhöhen den Insulinspiegel stärker als die anderen genannten Proteinquellen. Oftmals nimmt man unter Verzicht auf Milchprodukte leichter ab. Wenn du besonders effektiv abnehmen möchtest, lass in den ersten 30 Tagen die Milchprodukte weg. Insbesondere für Vegetarier und für all diejenigen, die es etwas lockerer sehen, habe ich in den Rezepten auch Milchprodukte als Proteinquellen angegeben. Achte darauf, dass die Milch von Weidetieren stammt. Im deutschen Handel heißt sie dann meist „Weidemilch" oder „Wiesenmilch".

Proteinpulver: In meinen Rezepten setze ich hier und da Proteinpulver ein. Hintergrund ist, dass nicht jeder Mensch gerne zu jeder Mahlzeit Fleisch, Fisch, Eier & Co. essen möchte. Bei Proteinpulvern handelt es sich ganz klar nicht um klassische Nahrungsmittel, sondern um sinnvolle Ergänzungen, wenn man seinen Proteinbedarf anders nicht decken kann. Proteinpulver aus dem Fitness- und Bodybuilding-Bereich in großen Kanistern, mit vielen Aromen und Zusatzstoffen sind auf jeden Fall ein absolutes No-Go. Es gibt nur wenige Proteinpulver, die in meinen Augen in Ordnung sind. Dabei gilt immer: Es darf kein Süßstoff zugesetzt sein, keine Aromastoffe und kein Extra-Zucker. Proteinpulver sollten immer rein sein. Ihren Geschmack gewinnen sie durch die Kombination mit anderen Lebensmitteln, zum Beispiel durch Obst. Du selbst solltest nie Proteinpulver der Sorten Cookie Dough, Double Chocolate & Co. kaufen.

Zwei nicht vegane Proteinpulver, die zur Foodpunk-Ernährung passen, sind natürliches Collagen-Protein und Whey Protein (Molkenprotein) – beides von Weiderindern. Collagen enthält Aminosäuren, die für ein straffes Bindegewebe wichtig sind. Das Molkenprotein hat einen milchigen Geschmack. Wenn du in den ersten 30 Tagen deiner Foodpunk-Challenge Milchprodukte meidest, dann mach auch um Molkenprotein einen Bogen. Collagen-Protein ist auch in den ersten 30 Tagen kein Problem. Beides findest du vor allem online.

Vegane Proteinquellen: Soja ist in der Foodpunk-Ernährung ein No-Go, darum sind auch Sojazubereitungen wie Tofu und Tempeh raus. Seitan ist pures Gluten und damit ebenso ein No-Go. Für eine 100-prozentige Gesundheit empfehle ich dir, hin und wieder tierische Lebensmittel in deine Ernährung einzubauen. Aber ich habe Respekt vor der Entscheidung, aus ethischen Gründen auf tierische Produkte zu verzichten. Darum stelle ich in diesem Buch auch vegane Rezepte zur Wahl. In diesen Fällen dienen vegane Proteinpulver als Proteinquellen. Hier gelten dieselben Grundsätze wie oben beschrieben. Infrage kommende vegane Proteinpulver sind beispielsweise Reisprotein, Hanfprotein, Cranberry-Protein, Kürbiskernprotein, Sonnenblumenprotein oder Mandelprotein. Das Protein aus Samen und Nüssen ist der sogenannte Presskuchen, der bei der Herstellung von Öl (z. B. Kürbiskernöl) bei der Pressung übrigbleibt. Dieser Presskuchen ist sehr proteinreich und fettarm und wird zu einem Pulver fein vermahlen. Du findest diese Proteine daher auch unter Namen wie „entöltes Mandelmehl" & Co.

Fettquellen

In der Foodpunk-Ernährung dient hochwertiges Fett als wichtigste Energiequelle. Es liefert die Energie, die du für deinen Alltag und alle Körperfunktionen benötigst. Nur mit ausreichend Energie aus guten Fettsäuren verfällt der Stoffwechsel nicht in einen Hunger-Modus. Gutes Fett auf deinem Teller macht dich lange satt, fördert die Fettverbrennung und verhindert langfristig den berüchtigten Jo-Jo-Effekt.

Öle und Fette: Hochwertige Fettsäuren sind perfekte Energiespender. Du findest sie in Butter, Butterschmalz und Kokosöl. Achte bei Fett aus Milchprodukten, also Butter oder Butterschmalz (wie auch beim Fleisch), darauf, dass es sich um Milch von Tieren aus Weidehaltung handelt.

Auch Olivenöl und Avocadoöl sind tolle Fettquellen. Du solltest diese Öle aber nicht erhitzen – ebensowenig wie Walnuss- und Kürbiskernöl sowie andere Nuss- und Samen-Öle, die du in Maßen für deine Salat-Dressings verwenden kannst.

Eine besondere Fettquelle ist sogenanntes MCT-Öl, das aus Kokosöl gewonnen wird. Es enthält spezielle (mittelkettige) Fettsäuren, die die Wärmebildung anregen. Über die Bildung von Ketonkörpern fördert es gleichzeitig die Sättigung und die Energieversorgung des Gehirns. Verwende anfangs pro Tag nicht mehr als 10 bis 15 Gramm, da es zunächst abführend wirken kann. MCT-Öl gibt es online bei diversen Anbietern.

Rapsöl, Sojaöl, Distelöl und Margarine haben eine ungünstige Fettsäurezusammensetzung.

Sie enthalten recht viele Omega-6-Fettsäuren, die entzündungsfördernd wirken. Da Übergewicht auch stark durch Entzündungsprozesse im Körper beeinflusst werden kann, solltest du diese Fettquellen auf jeden Fall meiden.

Nüsse, Samen: Nüsse, Samen und Avocados ergeben tolle Toppings für Salate und andere Gerichte. Nüsse und Samen sind allerdings ziemlich reich an Omega-6-Fettsäuren. Genauso wie die Öle daraus solltest du Nüsse und Samen nicht im Übermaß konsumieren. Avocados dagegen haben eine sehr vorteilhafte Fettsäurezusammensetzung und können zu einem der Haupt-Fettlieferanten in deiner Ernährung werden.

Zuckeralternativen

Als Süßungsmittel sind die Zuckeralkohole Erythrit und Birkenzucker erlaubt. Birkenzucker wird auch Xylit genannt, dazu darfst du ab Phase 2 greifen, Erythrit kannst du schon in Phase 1 einsetzen. Zuckeralkohole schmecken leicht kühl, nicht erschrecken! Birkenzucker wirkt positiv auf die Zahnhygiene und die Knochengesundheit.

Getränke

Pro Tag solltest du zwei Liter Flüssigkeit zu dir nehmen. Davon sind bis zu drei Tassen koffeinhaltige Getränke in Ordnung, wie Kaffee, grüner oder schwarzer Tee. Wasser kannst du pur trinken oder es mit einem Spritzer Limetten- oder Zitronensaft aufpeppen.

Absolute No-Gos

Ganz von deinem Speiseplan streichen solltest du zuallererst sämtliche industriell gefertigten Nahrungsmittel. Ebenso hat Zucker keinen Platz in einer gesunden Ernährung. Um Zucker und alle anderen glukose- und fruktosehaltigen Süßungsmittel solltest du stets einen großen Bogen machen. Dazu gehören Honig, Agavendicksaft und Ahornsirup. Sie alle lassen den Glukose- und den Insulinspiegel schnell ansteigen und fördern Heißhunger.

Auch chemische Süßstoffe wie Aspartam, Acesulfam-K und Sucralose gehen gar nicht, da sie deine körpereigenen Sättigungsmechanismen austricksen.

Um deine natürlichen Hunger- und Sättigungsmechanismen wiederzuerwecken, streich bitte auch Getreide und Hülsenfrüchte von deinem Speisezettel. Getreideprodukte liefern schnell verfügbare Kohlenhydrate. Die in der Schale von Vollkorn und Hülsenfrüchten enthaltenen sogenannten antinutritiven Stoffe, wie Lektine und Phytinsäure, stören oder verhindern gar die Aufnahme von Mikronährstoffen und ziehen möglicherweise deinen Darm in Mitleidenschaft. Dies kann Entzündungsprozesse begünstigen wie auch zu Nahrungsmittelunverträglichkeiten führen und deine Gewichtsabnahme stark erschweren. Vor allem Sojaprodukte solltest du wegen ihrer ungünstigen Wirkung auf körpereigene Hormone unbedingt meiden.

	Do's	Don'ts
Proteinquellen	• Fleisch & Geflügel aus artgerechter (Bio-)Haltung • Rindfleisch aus Weidehaltung • Fisch aus Bio-Aquakultur oder Wildfang • Bio-Eier • Vollfette Milchprodukte • Milchprodukte aus Bio-Milch oder Weidemilch • Molkenproteinpulver aus Weidemilch • Collagen-Proteinpulver von Weideküchen • Vegane Proteinpulver ohne Soja (z. B. Kürbiskern-, Hanf-, Mandelprotein)	• Konventionell erzeugtes Fleisch aus Mastbetrieben • Rindfleisch aus Getreidemast • Fisch aus konventioneller Aquakultur • Eier aus Boden- oder Käfighaltung • Fettarme Milchprodukte • Milchprodukte zum Super-günstig-Preis von gequälten Hochleistungskühen • Proteinpulver mit Aroma- und Süßstoffen wie Acesulfam-K, Aspartam • Proteinpulver mit Soja
Kohlenhydratquellen	• Obst & Gemüse • Süßkartoffeln, Kartoffeln (nur in Phase 3)	• Getreide • Hülsenfrüchte (auch Soja)
Fettquellen	• Butter (aus Weidemilch: „Weidebutter") • Butterschmalz (auch „Ghee" genannt, aus Weidebutter) • Kokosöl • Nüsse & Samen • Avocados & Avocadoöl • Kaltgepresstes natives Olivenöl (für Salate) • MCT-Öl • Walnussöl, Kürbiskernöl und andere Nuss- und Samenöle in Maßen (max. 1 EL pro Tag)	• Rapsöl • Sojaöl • Distelöl • Margarine
Gewürze	• Frische und getrocknete Kräuter • Hochwertiges Salz (Himalajasalz, Fleur de Sel, schwarzes Salz, Meersalz, Ursalz) • Pfeffer, Chili, Cayenne, Kurkuma …	• Klassisches Speisesalz • Gewürzmischungen mit Maltodextrin • Gewürzsoßen mit Zusatzstoffen
Zum Süßen	• Erythrit • Birkenzucker (Xylit) (ab Phase 2) • Steviablätter • Steviaextrakt (pur)	• Zucker • Sucralose • Honig • Cyclamat • Reissirup • Saccharin • Agavendicksaft • Stevia mit • Ahornsirup Maltodextrin • Aspartam • Stevia mit • Acesulfam-K Alkohol
Getränke	• Wasser mit oder ohne Kohlensäure • Kaffee • Kräutertees • Gewürztees • Grüner Tee • Schwarzer Tee • Mate • Matcha (pur) • Aromatisiertes Wasser mit etwas frischer Minze, Ingwer, Gurkenscheiben, Zitronen- oder Limettensaft	• Softdrinks • Buttermilch • Light-Getränke • Smoothies • Alkohol • Eistees • Fruchtsäfte • Gesüßte Tees • Fruchtsaftschorlen • Früchtetees • Milch • Aromatisierte Tees • Sojamilch

DIE 3 PHASEN

IN DER ÜBERSICHT

Eine gesunde kohlenhydratreduzierte Ernährung ist ein sehr guter Weg, um eine schnelle und langfristige Gewichtsreduktion zu erreichen. Wie viele Kohlenhydrate jemand genau benötigt, ist von Mensch zu Mensch unterschiedlich. In diesem Kapitel wirst du den Typ-Test machen und herausfinden, welche Kohlenhydratmenge für dich wann und wie lange ideal ist. Halte dich nun mindestens 30 Tage an deinen individuellen Fahrplan. Diese 30 Tage sind deine persönliche Foodpunk-Challenge. Startest du mit Phase 1, 2 oder 3? Hier erfährst du erst einmal, was die einzelnen Phasen bedeuten.

Phase 1 – Boost Your Brain

In Phase 1 verzehrst du 30 Gramm Kohlenhydrate pro Tag. Die Rezepte aus dieser Phase und der Baukasten in dieser Phase basieren auf der sogenannten ketogenen Ernährung. Das ist eine „Ultra-Low-Carb"-Ernährung, die nicht an gesunden Fetten spart. Du wirst im Baukasten und in den Rezepten sehen, welch enorme Bedeutung gute Fette für deine Low-Carb-Ernährung haben. Sie halten dich lange satt und verhindern Heißhungerattacken.

Die ketogene Ernährung in Phase 1 steht ganz im Zeichen des Gehirnstoffwechsels. In dieser Phase trainierst du die Ketonkörper-Produktion deines Körpers. Dein Gehirn lernt, aus Ketonkörpern Energie zu gewinnen. Diese Ketonkörper dämpfen das Hungergefühl, und „in Ketose" läuft deine Fettverbrennung auf Hochtouren. Wenn du „in Ketose" bist, schwimmen in deinem Blut jede Menge Ketonkörper, also „Hirnfutter".

Hör auf deinen Körper: Wenn du zum ersten Mal ketogen isst, ist das eine große Umstellung für deinen Organismus. In den ersten Tagen können sich deshalb bei dir Kopfweh und leichter Schwindel bemerkbar machen. Spätestens am vierten Tag sollte das vorbei sein, ab dann wirst du fitter und fitter.

Um deinem Körper die Umstellung zu erleichtern, trink viel Wasser, salz dein Essen gut und gib auch immer mal wieder eine Prise Salz in dein Trinkwasser. Denn die Nieren scheiden bei einer sehr kohlenhydratarmen Ernährung mehr Salz aus als sonst, weshalb dein Blutdruck vielleicht etwas „herunterfährt". Wenn du auch nach sieben Tagen noch starkes Kopfweh und starken Schwindel verspürst, wechsle bitte aus Phase 1 in Phase 2 oder 3.

Phase 2 – Burn The Fat

Phase 2 bedeutet ein lang anhaltendes Fettstoffwechseltraining. Mit 50 Gramm Kohlenhydraten pro Tag ist diese Phase klassisches Low Carb. Die niedrige Kohlenhydratmenge bewirkt eine optimale Fettverbrennung, das ausgewogene Verhältnis von Insulin und Glukagon nach einer Mahlzeit hält lange satt. Gleichzeitig unterstützt die etwas höhere Kohlenhydratmenge sportliche Aktivität und die Bildung des Hormons Leptin. Je nachdem, welcher Typ du bist, kannst du diese Phase an den Beginn deiner Foodpunk-Challenge setzen oder sie mittendrin einbauen.

Phase 3 – Eat Clean

In Phase 3 erhält dein Körper 100 Gramm Kohlenhydrate aus gesunder, möglichst unverarbeiteter Nahrung – „Clean Eating" eben! Je nach deinem Typ unterstützt die etwas höhere Kohlenhydrataufnahme deine sportliche Aktivität und fördert die Bildung des sättigenden Hormons Leptin (siehe S. 15).

Wusstest du, dass der Durchschnittsdeutsche pro Tag 300–400 Gramm Kohlenhydrate verzehrt? Demnach ist auch Phase 3 mit ihren 100 Gramm Kohlenhydraten im Vergleich zu der Ernährung von „Otto Normalverbraucher" noch deutlich kohlenhydratreduziert.

Das Foodpunk-Baukastensystem

Der Baukasten ist dein wichtigster Begleiter in deiner Challenge. Er zeigt dir, welche Lebensmittel du in welchen Mengen für eine Mahlzeit benötigst. Werde kreativ und stell dir deine Gerichte ganz nach eigenem Geschmack zusammen. Du kannst die Zutaten anbraten (wähle dazu eine Fettquelle zum Braten), du kannst sie kochen, dünsten oder in den Backofen schieben. Ganz nach deinem Gusto.

Verwende die Rezepte aus diesem Buch und/oder aus meinem ersten Buch *LOW CARB typgerecht* als Inspiration und vereinfache und verschönere dir damit deine Low-Carb-Reise.

Hinweise zum Baukastensystem

Sieh den Baukasten als Erleichterung für die Zubereitung deiner täglichen Mahlzeiten. Greif nicht jeden Tag zu denselben Lebensmitteln, sondern sorg für Abwechslung! Nimm beispielsweise als Proteinquelle an einem Tag Eier, an einem anderen Tag Geflügel oder ein Milchprodukt. Betrachte das Proteinpulver nur als Option, wenn es sehr schnell gehen muss oder du eine vegane Proteinquelle benötigst. Es sollte aber nicht zu deinem Haupt-Proteinlieferanten werden.

Unter dem Baukasten für eine Mahlzeit findest du immer die Angabe dazu, wie die ideale Verteilung von Protein, Kohlenhydraten und Fett aussieht. Wenn du es sehr genau nehmen möchtest, kannst du deine Mahlzeiten auf der Grundlage dieser Nährwerte zusammenstellen. Mach das aber bitte nur, wenn du bereits Übung darin besitzt, mithilfe einer Nährwert-App oder einer Website dein tägliches Ernährungstagebuch zu führen oder wenn du bereits einige Wochen einer Foodpunk-Challenge absolviert und mit dem Einkaufen und Planen schon Erfahrung hast.

Mach dir die Ernährungsumstellung am Anfang so einfach wie möglich!

Gerade am Anfang ist es viel wichtiger, die richtigen Lebensmittel im richtigen Verhältnis zu essen, als die Nährwerte grammgenau einzuhalten. Mach dir keinen Stress damit und mach Gebrauch von der Freiheit des Baukastensystems. Wenn dir deine Körperwaage einen Stillstand anzeigt, kannst du immer noch die exaktere Variante wählen, um wieder in die richtige Spur zu kommen.

Die Rezepte in diesem Buch und in meinem ersten Buch *LOW CARB typgerecht* richten sich genau nach den angegebenen Nährwerten. Ich habe sie nicht auf der Basis des Baukastens zusammengestellt, sondern exakt berechnet – auf Basis der benötigten Menge an Protein, Kohlenhydraten und Fett. Wundere dich daher nicht, wenn im Baukasten irgendwo zum Beispiel als Fettquelle 80 Gramm Avocado angegeben sind und in einem Rezept aus Phase 1 eine andere Menge. Denn ich habe in dem Rezept auch das Fett aus Ei, Fleisch & Co. miteingerechnet.

Mit diesem Buch und Teil 1 von *LOW CARB typgerecht* hast du insgesamt 140 leckere, exakt berechnete Rezepte zur Verfügung – 42 für jede der 3 Phasen und 14 Desserts.

Übrigens findest du auf www.foodpunk.de/typgerecht eine Tabelle, die genau auflistet, welches Lebensmittel du in exakt welcher Menge im Baukasten verwenden kannst. Das ist sozusagen die „Profi-Variante" des Baukastens – und noch genauer. Statt „150 Gramm grünes Gemüse" siehst du dort die exakte Menge einer bestimmten Gemüsesorte – denn jedes Gemüse hat natürlich einen etwas anderen Kohlenhydratgehalt. Aber wie gesagt, solange du am Anfang stehst, ist es bereits ein großer Schritt, wenn du es schaffst, jegliches Getreide, Zucker & Co. aus deiner Ernährung zu verbannen. Du wirst schon allein mit dem Verzehr echter Lebensmittel in der richtigen Kombination großen Erfolg verbuchen können. Steig erst dann auf die genauere Variante um, wenn die Waage stillsteht oder du eine neue Herausforderung suchst.

Dein Baukasten für Phase 1

In **Phase 1** landen viele kohlenhydratarme Gemüsesorten auf deinem Teller. Außerdem bekommst du etwas kohlenhydratarmes Obst, beispielsweise Beeren. Dazu gesellen sich angemessene Portionen Fett und Protein.

Getränke in Phase 1: Du kannst über den ganzen Tag verteilt den Saft einer Zitrone in dein Wasser geben.

Sport in Phase 1: Mach Sport mit niedriger bis mittlerer Intensität. Gib deinem Körper Zeit für die Umstellung und verzichte auf Krafttraining mit hoher Intensität und schweren Gewichten. Ideal in dieser Phase sind Spaziergänge, moderater Ausdauersport oder leichtes Krafttraining.

Für ein Frühstück oder eine Zwischenmahlzeit (an Sporttagen) in Phase 1

Kohlenhydratquelle	• 150 g grünes Gemüse • 50 g Beeren		Wähle 1 Option aus dieser Kategorie
Proteinquelle	• 2 Eier • 15 g Proteinpulver • 125 g griechischer Joghurt	• 75 g Sahnequark • 50 g Geflügel • 50 g Fleisch • 50 g Fisch	Wähle 1 Option aus dieser Kategorie
Fettquelle	• 100 g Kokosmilch • 80 g Avocado • 20 g Kokosöl	• 20 g Butter • 20 ml MCT-Öl • 25 g Nüsse	Wähle 1 Option aus dieser Kategorie

Wenn du ein Ernährungstagebuch führst und die Nährwerte mitberechnest, achte in Phase 1 auf 6 g Kohlenhydrate, 16 g Protein und 26 g Fett pro Frühstück oder Zwischenmahlzeit.

Für ein Mittagessen oder ein Abendessen in Phase 1

Kohlenhydratquelle	• 150 g grünes Gemüse • 50 g Beeren		Wähle 2 Optionen aus dieser Kategorie (Gemüse und Beeren oder 2 Sorten Gemüse)
Proteinquelle	• 4 Eier • 30 g Proteinpulver • 100 g Geflügel	• 100 g Fleisch • 100 g Fisch • 130 g Käse	Wähle 1 Option aus dieser Kategorie
Fettquelle	• 100 g Kokosmilch • 80 g Avocado • 20 g Kokosöl	• 20 g Butter • 20 ml MCT-Öl • 25 g Nüsse	Wähle 2 Optionen aus dieser Kategorie

Wenn du ein Ernährungstagebuch führst und die Nährwerte mitberechnest, achte in Phase 1 auf 12 g Kohlenhydrate, 32 g Protein und 52 g Fett für ein Mittag- oder Abendessen.

Dein Baukasten für Phase 2

Phase 2 liefert dir 50 Gramm Kohlenhydrate pro Tag. Darum gibt es in Phase 2 mehr Obst und Gemüse als in Phase 1. Die Proteinmenge bleibt gleich, die Fettmenge wird geringer.

Getränke in Phase 2: Du kannst über den ganzen Tag verteilt den Saft von zwei Zitronen in dein Wasser geben.

Sport in Phase 2: Intensives Krafttraining wird dir jetzt leichter fallen als in Phase 1. Dennoch ist es eine Umstellung für deinen Körper – übertreib also nicht. Wenn du bereits trainiert bist, kannst du wieder voll ins Training einsteigen.

Für ein Frühstück oder eine Zwischenmahlzeit (an Sporttagen) in Phase 2

Kohlenhydratquelle	• 250 g grünes Gemüse • 80 g Beeren • 50 g anderes Obst (außer Banane und Trockenobst)		Wähle 1 Option aus dieser Kategorie
Proteinquelle	• 2 Eier • 15 g Proteinpulver • 125 g griechischer Joghurt	• 75 g Sahnequark • 50 g Geflügel • 50 g Fleisch • 50 g Fisch	Wähle 1 Option aus dieser Kategorie
Fettquelle	• 80 g Kokosmilch • 60 g Avocado • 15 g Kokosöl	• 15 g Butter • 15 ml MCT-Öl • 20 g Nüsse	Wähle 1 Option aus dieser Kategorie

Wenn du ein Ernährungstagebuch führst und die Nährwerte mitberechnest, achte in Phase 2 auf 10 g Kohlenhydrate, 16 g Protein und 24 g Fett pro Frühstück oder Zwischenmahlzeit.

Für ein Mittagessen oder ein Abendessen in Phase 2

Kohlenhydratquelle	• 250 g grünes Gemüse • 80 g Beeren • 50 g anderes Obst (außer Banane und Trockenobst)		Wähle 2 Optionen aus dieser Kategorie (Gemüse und Beeren bzw. anderes Obst oder 2 Sorten Gemüse)
Proteinquelle	• 4 Eier • 30 g Proteinpulver • 100 g Geflügel	• 100 g Fleisch • 100 g Fisch • 130 g Käse	Wähle 1 Option aus dieser Kategorie
Fettquelle	• 80 g Kokosmilch • 60 g Avocado • 15 g Kokosöl	• 15 g Butter • 15 ml MCT-Öl • 20 g Nüsse	Wähle 2 Optionen aus dieser Kategorie

Wenn du ein Ernährungstagebuch führst und die Nährwerte mitberechnest, achte in Phase 2 auf 20 g Kohlenhydrate, 32 g Protein und 48 g Fett für ein Mittag- oder Abendessen.

Dein Baukasten für Phase 3

In Phase 3 wird die Kohlenhydratmenge auf 100 Gramm pro Tag gesteigert. Dein Mittag- oder Abendessen besteht in Phase 3 daher aus vier Komponenten: Kohlenhydrate aus Gemüse oder Obst, Kohlenhydrate aus einer stärkehaltigen Quelle, Protein und Fett.

Getränke in Phase 3: Du kannst über den ganzen Tag verteilt den Saft von drei Zitronen in dein Wasser geben.

Sport in Phase 3: Krafttraining oder High-Intensity-Intervall-Training? In Phase 3 alles kein Problem!

Für ein Frühstück oder eine Zwischenmahlzeit (an Sporttagen) in Phase 3

Kohlenhydratquelle	• 250 g grünes Gemüse • 80 g Beeren • 50 g anderes Obst • 30 g Banane oder Trockenobst		Wähle 2 Optionen aus dieser Kategorie (Gemüse und Beeren bzw. anderes Obst oder 2 Sorten Gemüse)
Proteinquelle	• 2 Eier • 15 g Proteinpulver • 125 g griechischer Joghurt	• 75 g Sahnequark • 50 g Geflügel • 50 g Fleisch • 50 g Fisch	Wähle 1 Option aus dieser Kategorie
Fettquelle	• 50 g Kokosmilch • 35 g Avocado • 10 g Kokosöl	• 10 g Butter • 10 ml MCT-Öl • 10 g Nüsse	Wähle 1 Option aus dieser Kategorie

Wenn du ein Ernährungstagebuch führst und die Nährwerte mitberechnest, achte in Phase 3 auf 20 g Kohlenhydrate, 16 g Protein und 20 g Fett pro Frühstück oder Zwischenmahlzeit.

Für ein Mittagessen oder ein Abendessen in Phase 3

Kohlenhydratquelle Gemüse oder Obst	• 250 g grünes Gemüse • 80 g Beeren • 50 g anderes Obst (außer Banane und Trockenobst)		Wähle 2 Optionen aus dieser Kategorie (Gemüse und Beeren bzw. anderes Obst oder 2 Sorten Gemüse)
Stärkehaltige Kohlenhydratquelle	• 150 g Süßkartoffel • 150 g Kartoffel • 150 g Banane		Wähle 1 Option aus dieser Kategorie
Proteinquelle	• 4 Eier • 30 g Proteinpulver • 100 g Geflügel	• 100 g Fleisch • 100 g Fisch • 130 g Käse	Wähle 1 Option aus dieser Kategorie
Fettquelle	• 50 g Kokosmilch • 35 g Avocado • 10 g Kokosöl	• 10 g Butter • 10 ml MCT-Öl • 10 g Nüsse	Wähle 2 Optionen aus dieser Kategorie

Wenn du ein Ernährungstagebuch führst und die Nährwerte mitberechnest, achte in Phase 3 auf 40 g Kohlenhydrate, 32 g Protein und 40 g Fett für ein Mittag- oder Abendessen.

Test: Welcher Typ bist du?

M H

Wie viel Gewicht möchtest du abnehmen?	
2–5 kg ✗ ✗	A
5–10 kg	B
10–20 kg	C
mehr als 20 kg	D

Hast du dich in der Vergangenheit bereits kohlenhydratarm ernährt?	
Ja, unter 50 g Kohlenhydrate	A
Ja, unter 100 g Kohlenhydrate	B
Ja, aber ich habe nicht gezählt	C
Nein ✗ ✗	D

Machst du regelmäßig Sport?	
Ja, regelmäßig 4- bis 7-mal pro Woche	A
Ja, regelmäßig 1- bis 3-mal pro Woche	B
Ja, aber nur sporadisch ✗ ✗	C
Nein	D

Wie alt bist du?	
18–30	A
31–44 ✗	B
45–55 ✗	C
> 55	D

M H

Wie hoch ist dein Körperfettanteil? (wenn bekannt)	
< 8 % (Männer) / < 21 % (Frauen)	A
8–20 % (Männer) / 21–33 % (Frauen) ✗	B
21–25 % (Männer) / 34–39 % (Frauen)	C
> 25 % (Männer) / > 39 % (Frauen)	D

Wie hoch ist dein BMI? Formel: $\dfrac{\text{Körpergewicht in kg}}{\text{Körpergröße in m}^2}$	
19–25 ✗ ✗	A
26–30	B
31–35	C
> 35	D

Wie sieht es mit dem Aktivitätslevel deines Berufs aus?	
Körperlich anstrengend	A
Vorwiegend in Bewegung	B
Vorwiegend stehend	C
Vorwiegend sitzend ✗ ✗	D

M H   M H

Wie schnell nimmst du zu?	
Eher langsam	A
Normal, denke ich ... ✗ ✗	B
Eher schnell	C
Ich muss einen Keks nur ansehen ...	D

Fühlst du dich gestresst?	
Ja, immer	E
Leider recht häufig ✗ ✗	F
Eher selten	G
Nein, ich bin immer entspannt.	H

Wo setzt dein Körper am leichtesten Fett an?	
Ganz gleichmäßig am ganzen Körper	A
An den Hüften und am Oberkörper (Sanduhr)	B
An den Hüften, weniger am Oberkörper (Birne)	C
Vor allem am Bauch (Apfel) ✗ ✗	D

Arbeitest du im Schichtdienst?	
Ja, ich arbeite abwechselnd tagsüber und nachts.	E
Ja, ich arbeite immer Nachtschichten.	F
Nein, aber mein Arbeitstag beginnt sehr früh.	G
Nein, ich hab einen typischen 9–5-Job. ✗	H

Bekommst du ausreichend Schlaf?	
Eigentlich schlafe ich immer zu wenig.	E
3–4 Nächte pro Woche zu wenig	F
1–2 Nächte pro Woche zu wenig ✗	G
Ich schlafe immer ausreichend. ✗	H

Hast du Stimmungsschwankungen?	
Nein, ich bin eher ausgeglichen.	E
Manchmal zicke ich andere an. ✗ ✗	F
Manchmal weine ich grundlos.	G
Ich fühle mich oft niedergeschlagen.	H

Auswertung des Tests

Sieh dir deine Antworten an und zähle, wie oft du jeweils A, B, C oder D gewählt hast. Der Buchstabe, den du am häufigsten angekreuzt hast, bezeichnet deinen Typ.

A = 2 (H) 2 (M)
B = 2   3
C = 1   0
D = 3   3

Ich bin Typ: D   B D

Sieh dir deine Antworten an und zähle, wie oft du jeweils E, F, G oder H gewählt hast. Der Buchstabe, den du am häufigsten angekreuzt hast, bezeichnet deinen Untertyp.

E = —   —
F = 2   2
G = —   1
H = 2   1

Ich bin Untertyp: F / H   I

Typ A

Du möchtest wahrscheinlich nicht besonders viel Gewicht verlieren oder gehörst zu den Menschen, die sich viel bewegen. Daher musst du die Kohlenhydratmenge nicht so stark herunterschrauben. Der Fokus deiner individuellen Challenge wird folglich auf Phase 3 – „Eat Clean" liegen. Da du nicht viele Kilos „herunterbekommen" möchtest, hast du dein Ziel wahrscheinlich schon nach einer Runde der Challenge erreicht – also nach 30 Tagen.

Typ B

Du bist vermutlich ein bisschen aktiv und willst schon ein paar Kilos loswerden. In ein, zwei Runden der Challenge kannst du bis zu zehn Kilo abwerfen – also in 1-mal oder 2-mal 30 Tagen. In dieser Zeit liegt der Fokus auf Phase 2 – „Burn The Fat". Dies ist eine klassische Low-Carb-Ernährung und der perfekte Mittelweg für dich.

Typ C

Wahrscheinlich bewegst du dich eher wenig und möchtest deutlich abnehmen. Dir ist es wichtig, jetzt die Bremse zu ziehen, um in den kommenden Jahren nicht schleichend weiter zuzunehmen. Wir legen bei dir den Fokus auf Phase 1 – „Boost Your Brain". Diese Phase kannst du auf jeden Fall über zwei Runden – also 2 x 30 Tage – durchziehen.

Typ D

Sport war wahrscheinlich noch nie deine Leidenschaft. Dein Beruf findet vermutlich wohl auch eher im Sitzen statt, und du solltest dringend eine größere Menge Gewicht abnehmen. Die ketogene Ernährung, das heißt, eine Ultra-Low-Carb-Ernährung, wirkt vor allem bei stark übergewichtigen Menschen äußerst effektiv. Wir legen bei dir den Fokus auf Phase 1 – „Boost Your Brain".

Startklar für die Zielrunde

In den ersten 30 Tagen, also in deiner ersten Challenge nach dem Fahrplan, schaffst du dir die gute Grundlage für einen nachhaltigen Gewichtsverlust. Wahrscheinlich wirst du in der ersten Runde noch nicht gleich das gesamte Gewicht verlieren, das du loswerden möchtest. Du kannst darum bei Bedarf bis zu drei Challenges – also 3 Runden à 30 Tage – hintereinander absolvieren. Orientiere dich dazu einfach an deinem individuellen Fahrplan (siehe S. 38).

Die Untertypen

Mit den Untertypen E, F, G und H habe ich deine individuelle Situation in Bezug auf Stress abgefragt. Schlaf, Stress, anstrengende Arbeitszeiten und deine Stimmungslage bestimmen mit, wie viele Kohlenhydrate du gut tolerierst und wie häufig du eine sehr kohlenhydratarme Phase durchbrechen solltest. Menschen, die oft niedergeschlagen sind, fühlen sich bei einer sehr kohlenhydratarmen Ernährung häufig besser. Alle anderen Stressfaktoren führen eher dazu, dass du immer mal wieder eine kohlenhydratreichere Phase einbauen solltest. Also Phase 3 – „Eat Clean".

Nachfolgend findest du für alle Variationen von Typ und Untertyp einen ganz individuellen Fahrplan für die Challenge. Mit diesem Fahrplan versuche ich, so viele unterschiedliche persönliche Faktoren abzudecken, wie es mir in einem Buch ohne direkte Beratung möglich ist.

Untertyp E: Du lebst am Stresslimit. Damit du deinen anstrengenden Alltag noch besser meisterst, brauchst du hin und wieder gesunde Kohlenhydrate. Deine kohlenhydratarmen Phasen sind kürzer als bei den folgenden Untertypen.

Untertyp F: Du bist tendenziell gestresst, aber noch nicht am Limit. Du brauchst häufiger mal Nachschub an gesunden Kohlenhydraten als Untertyp G, kannst aber länger von strengen Low-Carb-Phasen profitieren als Untertyp E.

Untertyp G: Stress ist da, hält sich aber in Grenzen. Dein Körper profitiert von langen kohlenhydratarmen Phasen. Die perfekte Ergänzung sind seltene kohlenhydratreichere Phasen.

Untertyp H: Du lebst eigentlich nicht besonders stressig. Dennoch fühlst du dich womöglich oft niedergeschlagen. Du profitierst vom stimmungsaufhellenden Effekt einer ketogenen Ernährung, also Phase 1.

Mein Tipp: Absolviere erst einmal eine 30-Tage-Challenge. Wenn du daran Gefallen gefunden hast, kannst du dich am weiteren vorgeschlagenen Weg orientieren und direkt noch einige Wochen dranhängen.

Falls du die Challenge über die angegebene Dauer hinaus verlängern willst – weil du dich damit sehr wohlfühlst oder weil du noch weiter abnehmen möchtest –, dann starte einfach die Abfolge der Phasen von vorn.

Falls es unterwegs Stolpersteine gibt, kontaktiere mich über www.foodpunk.de oder nutze auf unserer Facebook-Seite www.facebook.com/foodpunk die Schwarmintelligenz der Foodpunk-Community. Denn auch wenn du dieses Buch allein zu Hause auf deiner Couch liest: Du bist nicht allein! Viele Foodpunks machen sich genau in diesem Moment auf dieselbe Reise, und es bringt dich wirklich voran, wenn du in der Gemeinschaft Motivation bekommst und Kraft tankst.

Dein typgerechter Fahrplan

Challenge Typ	Runde 1 Woche				Runde 2				Runde 3				Runde 4	
	1	2	3	4	5	6	7	8	9	10	11	12	13	14
AE	Phase 3	Phase 3	Phase 3	Phase 3	Phase 2	Phase 2/3	Phase 3	Phase 3	Phase 3					
AF	Phase 3	Phase 3	Phase 3	Phase 3	Phase 2	Phase 2	Phase 2/3	Phase 3	Phase 3					
AG	Phase 3	Phase 3	Phase 3	Phase 3	Phase 2	Phase 2	Phase 2	Phase 2/3	Phase 3					
AH	Phase 3	Phase 3	Phase 3	Phase 3	Phase 2	Phase 2	Phase 2	Phase 2	Phase 3					
BE	Phase 2	Phase 2	Phase 2	Phase 2	Phase 1	Phase 1/2	Phase 2	Phase 2	Phase 2	Phase 2				
BF	Phase 2	Phase 2	Phase 2	Phase 2	Phase 1	Phase 1	Phase 1/2	Phase 2	Phase 2	Phase 2				
BG	Phase 2	Phase 2	Phase 2	Phase 2	Phase 1	Phase 1	Phase 1	Phase 1/2	Phase 2	Phase 2				
BH	Phase 2	Phase 2	Phase 2	Phase 2	Phase 1	Phase 1	Phase 1	Phase 1	Phase 2	Phase 2				
CE	Phase 1	Phase 1	Phase 1	Phase 1	Phase 2	Phase 2	Phase 2	Phase 2	Phase 1	Phase 1	Phase 1	Phase 1		
CF	Phase 1	Phase 1	Phase 1	Phase 1	Phase 1	Phase 2	Phase 2	Phase 2	Phase 1	Phase 1	Phase 1	Phase 1		
CG	Phase 1	Phase 1	Phase 1	Phase 1	Phase 1	Phase 1	Phase 2	Phase 2	Phase 1	Phase 1	Phase 1	Phase 1		
CH	Phase 1	Phase 1	Phase 1	Phase 1	Phase 1	Phase 1	Phase 1	Phase 2	Phase 1	Phase 1	Phase 1	Phase 1		
DE	Phase 1	Phase 1	Phase 1	Phase 1	Phase 1	Phase 1	Phase 1	Phase 1	Phase 2	Phase 2	Phase 2	Phase 2	Phase 3	
DF	Phase 1	Phase 1	Phase 1	Phase 1	Phase 1	Phase 1	Phase 1	Phase 1	Phase 1	Phase 2	Phase 2	Phase 2	Phase 3	
DG	Phase 1	Phase 1	Phase 1	Phase 1	Phase 1	Phase 1	Phase 1	Phase 1	Phase 1	Phase 1	Phase 2	Phase 2	Phase 3	
DH	Phase 1	Phase 1	Phase 1	Phase 1	Phase 1	Phase 1	Phase 1	Phase 1	Phase 1	Phase 1	Phase 1	Phase 1	Phase 3	

Legende:
- Phase 1 – Boost Your Brain (grün)
- Phase 2 – Burn The Fat (orange)
- Phase 3 – Eat Clean (blau)

Wie geht es nach deiner Foodpunk-Challenge weiter?

Natürlich kannst du dich auf Dauer nach dem Baukastensystem und den Rezepten in diesem Buch und in *LOW CARB* typgerecht ernähren. Dadurch wird dein Körper langfristig fit und schlank – und du sehr leistungsfähig!

Du musst aber nicht für den Rest deines Lebens die Zutaten für jede deiner Mahlzeiten abwiegen. Zu Beginn ist es sehr gut und hilfreich für dich, alles genau abzuwiegen, damit du ein Gefühl für die Mengen bekommst. So wirst du zum Beispiel die Angst vor Fett verlieren – denn auf der Waage siehst du „Wow, so viel darf ich wirklich!". Wenn dir das erst einmal „in Fleisch und Blut übergegangen" ist, kannst du das Ganze immer lockerer angehen.

WICHTIGE PUNKTE – Damit du fit bleibst und der Jo-Jo-Effekt keine Chance hat!

1. Qualität vor Quantität: Das Wichtigste ist, dass du auch zukünftig auf die Qualität deiner Ernährung, also der verwendeten Lebensmittel, achtest. Sag Nein zu allen Zusatzstoffen und mach überhaupt einen großen Bogen um alle industriell produzierte Nahrung. Denn sie raubt dir dein natürliches Sättigungsgefühl. Wenn du deine Hunger- und Sättigungsmechanismen durch eine Foodpunk-Challenge erst einmal wieder ins Gleichgewicht gebracht hast, werden sie dauerhaft funktionieren. Solange du natürliche, unverarbeitete Lebensmittel isst, funktioniert dein natürlicher Sättigungsmechanismus, und du musst nichts weiter tun, als aufzuhören, wenn du angenehm satt bist. Naturbelassene Nahrungsmittel setzen nicht so schnell an und verursachen auch keinen Heißhunger.

2. Immer mit Gemüse: Iss zu jeder Hauptmahlzeit Gemüse. Das kann ein Salat vorneweg oder eine Gemüsebeilage sein. So wirst du optimal mit Nährstoffen versorgt, und die Ballaststoffe bewirken eine lang anhaltende Sättigung. Beim Frühstück kannst du gern auch etwas Obst statt Gemüse verputzen – aber pflanzliche Ballaststoffe sollten immer ein Bestandteil sein!

3. Teile deinen Teller klug auf: Der perfekte Teller enthält alle wichtigen Nahrungsgruppen – wertvolles Protein, ballaststoffreiches Gemüse, gutes Fett und gelegentlich stärkehaltiges Gemüse als Kohlenhydratquelle. Und so sollte dein Teller idealerweise aussehen: Phase 1 & 2: $2/3$ (grünes) Gemüse, $1/3$ Protein, 1–2 Portionen Fett (je 1 EL Öl oder eine kleine Handvoll Nüsse). Phase 3: $1/3$ Gemüse, $1/3$ Protein, $1/3$ Süßkartoffeln, Kartoffeln oder Kassave, 1 Portion Fett. Dies ist eine noch stärker vereinfachte Version des Baukastensystems, an der du dich stets orientieren kannst.

4. Immer mit der Ruhe: Falls du Lebensmittel wieder in deine Ernährung einbauen willst, die während der Challenge verboten waren, geh das auf jeden Fall ganz piano an. Iss auf keinen Fall gleich am ersten Tag nach deiner Challenge alles, was dir vor die Nase kommt! Die Zeit nach der Challenge bietet dir die wunderbare Möglichkeit, herauszufinden, welche Lebensmittel dir guttun und welche nicht. Da dein Körper jetzt eine ganze Weile sehr clean ernährt wurde, reagiert er besonders empfindlich. Wenn du dich nun zum extremen Schlemmen hinreißen lässt, wirst du am nächsten Morgen ziemlich sicher aufgequollen und kopfschmerzgepeinigt aufwachen. Und du wirst nie herausfinden, welche Lebensmittel dir besonders schaden. Also geh es wirklich bitte, bitte in aller Ruhe an. Wenn du beispielsweise Reis wieder in deine Ernährung einbauen willst, iss an dem Tag nach den

Schon gewusst?

Vielleicht hast du schon einmal den Begriff „intermittierendes Fasten" gehört. Das Frühstück ausfallen zu lassen oder durch einen speziellen Bulletproof Coffee zu ersetzen, soll die Fettverbrennung steigern. Da ist etwas dran. Das Ganze funktioniert aber nur bei Menschen, deren hormonelle Mechanismen bereits alle im Gleichgewicht sind. Solange dem nicht so ist, kann das intermittierende Fasten noch mehr Durcheinander im Stoffwechsel und damit auch noch mehr Schaden anrichten. Darum lege ich besonderen Wert darauf, dass du in den ersten 30 Tagen nicht auf ein Frühstück verzichtest. Erst danach kannst du damit experimentieren. Die Rezepte für Bulletproof Coffee und die Shakes in diesem Buch enthalten extra Protein und ein paar Kohlenhydrate, damit du sie in den ersten 30 Tagen uneingeschränkt verwenden kannst. Denn solange du Protein und Kohlenhydrate mit deinem Frühstück aufnimmst, schaltet dein Körper nicht auf „intermittierendes Fasten" um.

Regeln der Challenge und nimm nur den Reis außer der Reihe dazu. Spür danach in deinen Körper hinein, fühl mal, wie es dir geht. Alles fein? Na, dann darf der Reis in Maßen in deine Ernährung zurückkehren. Teste die betreffenden Lebensmittel auf diese Weise Stück für Stück durch.

5. Feiere das Leben und lass dir deine Ernährung nicht zur Last werden! Du brauchst nicht zu perfektionistisch zu sein, geh nur dann auf die vollen 100 Prozent, wenn es dir Spaß macht und du dich dadurch nicht unter Druck setzt. Wenn du zu 80 Prozent gesund isst, kannst du dir zu 20 Prozent auch Dinge gönnen, die ein bisschen unter dem Optimum liegen. Genieß das Leben, trink ein Glas Sekt auf der Hochzeit deiner Freundin, iss ein Stück Kuchen von deiner Oma und schau in ihre leuchtenden Augen. Und am Tag danach bereust du nichts, sondern machst einfach ganz „normal" gesund weiter. Gönn dir solche Freuden bewusst und bewerte sie nicht als Ausrutscher.

6. Alkohol – mal o. k., aber in Maßen und der Richtige: Trink die kohlenhydratarmen Varianten: trockenen Wein, trockenen Sekt, aber lass die Finger vom Bier. Wenn du einen Cocktail mixen möchtest, verzichte auf Rohrzucker, Sirup & Co. Stattdessen kannst du zum Beispiel mit Xylit einen kohlenhydratarmen Mojito oder Caipirinha zubereiten. Aber behalte im Hinterkopf, dass Alkohol die Fettverbrennung sofort stoppt. Und zwar so lange, bis der gesamte Alkohol abgebaut wurde.

Übrigens: Alkohol ruft auch sehr gern Heißhunger hervor!

Tipps für echtes Express-Kochen:

1. Koch die doppelte Menge eines Abendessens

Du wirst im Foodpunk-Baukasten und in den Rezepten sehen, dass ein Mittag- und ein Abendessen immer dieselben Nährwerte enthalten. Das bedeutet auch, dass du beides gegeneinander austauschen kannst. Du kannst die Gerichte für mittags auch abends verzehren und umgekehrt. Wenn du dir also abends die doppelte Menge kochst, kannst du die zweite Hälfte am nächsten Tag als Mittagessen mit ins Büro nehmen.

2. Bereite Muffins schon am Wochenende vor

Morgens gibt es oft Muffins zum Frühstück (z. B. Zitrone-Mohn-Muffins auf S. 54 und Schoko-Bananen-Muffins auf S. 119). Ich kann verstehen, dass du in der Früh nicht erst den Ofen anwerfen willst. Das ist auch gar nicht der Plan. Das Tolle an den Muffins ist, dass du ein- bis zweimal pro Woche welche vorbereiten kannst. Back zum Beispiel am Wochenende direkt die mehrfache Menge des Rezepts, dann bist du morgens, wenn es schnell gehen soll, gewappnet.

3. Koch vor und frier ein

Du hast ein Gericht gefunden, dass dir sehr gut schmeckt und sich zum Einfrieren eignet? Koch direkt mehrere Portionen vor und friere sie ein für die Abende, an denen es besonders schnell und einfach gehen muss. Wunderbar einfrieren lassen sich zum Beispiel alle Arten von Gemüsesuppen.

4. Schneide Gemüse vor

Beim Betrachten des Baukastens wirst du sehen, dass Gemüse die Grundlage der Mahlzeiten bildet. Mach dir also das Leben leicht und schneide an einem Tag, an dem du ein bisschen mehr Zeit hast, direkt etwas Gemüse vor. Dann kannst du an den folgenden Tagen ganz einfach darauf zurückgreifen. Ab in die Pfanne mit dem Gemüse, frisches Fleisch und gutes Fett dazu – fertig!

5. Organisiere deinen Kühlschrank mit Frischhaltedosen

Deck dich mit Frischhaltedosen in verschiedenen Größen ein. Darin kannst du vorgeschnittenes Gemüse, auch geschälten Knoblauch, gehackte Zwiebeln oder ganze fertig vorbereitete Gerichte aufbewahren.

Gib acht beim Umgang mit Frischhaltedosen: Verwende aus Gesundheitsgründen solche aus Glas mit einem BPA-freien Deckel (d. h. einem Deckel ohne den Weichmacher Bisphenol A).

Auch praktisch sind Weckgläser – wenn du das nächste Mal passierte Tomaten im Glas, eine Suppe, eine Nudelsauce oder eine Marmelade kaufst (vielleicht für ein Familienmitglied), bewahr die leeren Gläser unbedingt auf. So bekommst du kostenlose Vorratsbehälter und sparst dir obendrein noch den Weg zum Altglascontainer.

6. Mach dir einen Wochen-Fahrplan

Nimm dir an einem entspannten Tag die Zeit, um deine Mahlzeiten und den Einkauf für die ganze folgende Woche vorauszuplanen. Im ersten Moment wird dir das vielleicht sehr aufwendig erscheinen. Aber du wirst sehen, dass es sich lohnt, und während der stressigen Woche viel Zeit sparen.

Eine kostenlose Vorlage für einen Wochenplan, die du dir immer wieder neu ausdrucken kannst, findest du auf www.foodpunk.de/express. Du kannst natürlich auch eine klassische Wochenübersicht aus einem Kalender verwenden.

Notier dir, welche Rezepte aus dem Buch du nachkochen und an welchen Tagen du deine eigenen Kreationen zubereiten willst. Überleg dir im Vorhinein, welche Gemüsesorte du in dieser Woche vielleicht öfter verwenden möchtest, und schreib alle benötigten Zutaten auf.

7. Besorg dir regelmäßig die Grundnahrungsmittel

Alle Grundzutaten, die lange haltbar sind, wie Kokosöl, Butterschmalz, Gewürze und Ähnliches, kannst du problemlos für einen ganzen Monat auf Vorrat kaufen. Gemüse und Fleisch solltest du alle zwei bis drei Tage frisch einkaufen. Alternativ kannst du Fleisch, Fisch und Geflügel ebenso wie Gemüse auch auf Vorrat besorgen und einfrieren bzw. schon tiefgekühlt kaufen. Frisches Gemüse schmeckt am besten, aber wenn es schnell gehen muss, ist der Spinat aus dem Gefrierfach wesentlich gesünder als das Fertiggericht aus der Mikrowelle.

Viele Metzger, die Weiderindfleisch anbieten, haben mittlerweile auch einen Online-Versand. Hier kannst du eine größere Menge bestellen und das Fleisch dann einfrieren. Wenn du das Fleisch frisch bekommst, solltest du es am besten erst portionieren und dann portionsweise einfrieren. So hast du immer sofort die nötige Proteinportion für ein Gericht parat.

Gute Quellen für Weiderindfleisch findest du auf S. 155 und auf www.foodpunk.de/express. Dort findest du auch eine Einkaufsliste mit Tipps dazu, was du auf Vorrat einkaufen kannst und was du lieber immer frisch besorgen solltest.

8. Denk über einen Lebensmittellieferdienst nach

Für all diejenigen, die – so wie ich – oft morgens schon aus dem Haus gehen, bevor der erste Supermarkt öffnet, und abends erst nach 20 Uhr wieder Zeit haben: Scheut euch nicht, auf einen Lebensmittellieferdienst zurückzugreifen. Natürlich macht es echt Spaß, auf dem Wochenmarkt frisches Gemüse einzukaufen. Im Alltag schaffen wir es aber allzu oft nicht einmal mehr in einen normalen Supermarkt. Und bevor du beim Lieferdienst für Pizza, Pasta oder Asia-Nudeln anrufst, solltest du dir die benötigten Lebensmittel lieber schon rechtzeitig vorher von einem Online-Supermarkt oder einem Supermarkt vor Ort ins Haus bringen lassen.

Eine prima Idee ist auch eine regionale Bio-Kiste, in der du dir wöchentlich saisonales Gemüse und Obst direkt vor die Wohnungstür stellen lassen kannst (siehe S. 155).

9. Done is better than perfect

Mach dich nicht fertig, wenn es einmal nicht so gut klappt! Iss lieber eine Mahlzeit, die einigermaßen gut passt, im Restaurant, als deine neue Ernährungsweise wieder ganz über Bord zu werfen. Stress hast du genug und davon benötigst du nicht noch mehr.

Versuche so oft wie möglich frisch zu kochen und dich an die Grundsätze zu halten. Wenn es mal nicht klappt: Schwamm drüber, weitermachen. Gönn dir eine Pause.

Hinweise zu den Rezepten

Die in den Rezepten angegebenen Mengen der einzelnen Zutaten beziehen sich immer auf das Verzehrgewicht – also Gemüse ohne Schale, Kerne und andere ungenießbare Anteile. Bei Tiefkühlprodukten ist das Abtropfgewicht gemeint, Fleisch und Geflügel werden ohne Knochen, Garnelen ohne Schale gewogen.

Alle Rezepte sind für 1 Portion kalkuliert. Mit Tipps unter den Rezepten weise ich häufig darauf hin, wie du überschüssige Zutaten gut aufbewahren und für das nächste (oder ein anderes) Rezept weiterverwenden kannst.

Um die Challenge auch mit veganen Gerichten anzureichern, wird in einigen Rezepten veganes Proteinpulver verwendet. Falls du dich nicht vegan ernährst, kannst du es auch durch Molkenproteinpulver (siehe S. 25 und S. 155) aus Milch von Weiderindern ersetzen.

Je wichtiger dir deine Gewichtsabnahme ist, desto genauer solltest du dich an die angegebenen Mengen halten. Bist du im Großen und Ganzen schon zufrieden mit deinem Körper, kannst du es etwas lockerer angehen und die Mengen ganz entspannt auf- oder abrunden.

Die Desserts (ab S. 146) sind das besondere Extra. Einmal pro Woche kannst du dir aus diesen Rezepten einen Bonus aussuchen. Achte bei deiner Wahl auch darauf, dass das Rezept für die aktuelle Phase deiner Challenge geeignet ist – einen entsprechenden Hinweis findest du bei jedem Dessertrezept.

Was ist Paleo?

Paleo ist eine Ernährungsform, die auf dem Verzehr natürlicher Lebensmittel basiert. Ihre Anhänger verzichten nicht nur auf Zucker und Zusatzstoffe, sondern auch auf Getreide, Hülsenfrüchte und Milchprodukte. Rezepte, die in diesem Buch als „Paleo" gekennzeichnet sind, enthalten keine Milchprodukte. Die anderen Grundlagen der Paleo-Ernährung sind für mich ohnehin selbstverständlich, sie werden auch in allen Rezepten in diesem Buch eingehalten.

Die Rezeptkategorien

Damit du dich blitzschnell in den Rezepten zurechtfindest, habe ich jedes Rezept mit entsprechenden Icons gekennzeichnet. Hier siehst du, was sie bedeuten:

 Paleo

 Vegetarisch

 Vegan

Welche Proteinquelle ist enthalten?

 Mit Milchprodukten

 Mit Proteinpulver

 Mit Rindfleisch

 Mit Schweinefleisch

 Mit Hähnchenfleisch

 Mit Putenfleisch

 Mit Lamm

 Mit Meeresfrüchten

 Mit Fisch

 Mit Eiern

Diese Mahlzeiten kannst du besonders gut unterwegs und auch kalt verzehren.

 To go

REZEPTE

PHASE 1

BOOST YOUR BRAIN

DAS FRÜHSTÜCK

In dieser Phase kommt dein Körper in Ketose, und dein Gehirn gewinnt Energie aus Ketonkörpern. Phase 1 enthält am wenigsten Kohlenhydrate pro Tag. Mit Zitrone-Mohn-Muffins, Bacon & Eggs oder Grießbrei mit Zimt bedeutet Low Carb alles andere als Verzicht.

BULLETPROOF COFFEE

Nährwerte: 5,9 g Kohlenhydrate, 15,2 g Protein, 25,7 g Fett

ZUTATEN:

* 250 ml frisch gebrühter Kaffee
* 20 g Butter
* 2 TL MCT-Öl (10 g) (Reformhaus & online)
* 1 EL Collagen-Proteinpulver (15 g)
* 150 g Himbeeren

ZUBEREITUNG:

Den frisch gebrühten Kaffee in einen Standmixer gießen. Die Butter und das MCT-Öl hineingeben und alles zusammen 2 Minuten lang richtig schaumig mixen. Anschließend das Collagen-Proteinpulver vorsichtig einrühren.

Den Kaffee mit den Himbeeren servieren.

Zubereitungsdauer: 5 Minuten

SCHON GEWUSST? *MCT-Öl ist ein spezielles Öl, das (bei guten Firmen) aus Kokosöl gewonnen wird. Es enthält spezielle Fettsäuren, welche die Fettverbrennung anregen. Achte darauf, dass du MCT-Öl aus Kokosöl kaufst, nicht solches aus Palmöl.*

TIPP: *Klassischer Bulletproof Coffee wird ohne Kohlenhydrate verzehrt. Für das Foodpunk-Prinzip „Low Carb typgerecht" verteilen wir aber die verfügbaren 30 g Kohlenhydrate gleichmäßig auf morgens, mittags und abends. Darum gibt es zu diesem Bulletproof Coffee einige Himbeeren als Quelle für Ballaststoffe, Vitamine und ein paar Kohlenhydrate.*

SUPERFOOD COFFEE

Nährwerte: 6,0 g Kohlenhydrate, 14,6 g Protein, 24,4 g Fett

ZUTATEN:

- 250 ml frisch gebrühter Kaffee
- 4 TL Kokosöl (20 g)
- 2 TL Kakaopulver (10 g)
- 1 Prise Ceylonzimt
- 4 TL veganes Proteinpulver (20 g) (z. B. Mandelprotein)
- 65 g Blaubeeren

ZUBEREITUNG:

Den frisch gebrühten Kaffee in einen Mixer geben. Das Kokosöl, das Kakaopulver und den Zimt hinzufügen und gut aufschäumen. Zuletzt das vegane Proteinpulver einrühren – Mandelprotein hat einen völlig neutralen Geschmack.

Den Kaffee mit den Blaubeeren servieren.

Zubereitungsdauer: 5 Minuten

SÜSSER FOODPUNK-„GRIESSBREI" MIT ZIMT

Nährwerte: 5,9 g Kohlenhydrate, 14,5 g Protein, 26,5 g Fett

ZUTATEN:

- 3 EL Sahne (45 ml)
- 50 ml Wasser
- 2 TL Kokosmehl (10 g)
- 4 TL Mandeln, gemahlen (20 g)
- 2 TL Molkenproteinpulver (10 g)
- 1 TL Erythrit (Reformhaus oder Bio-Supermarkt)
- ½ TL Ceylonzimt
- 15 g Himbeeren

ZUBEREITUNG:

Die Sahne und das Wasser in einem kleinen Topf zum Kochen bringen. Das Kokosmehl und die gemahlenen Mandeln einrühren und 3 Minuten quellen lassen. Das Molkenproteinpulver einrühren und den Grießbrei mit Erythrit und Zimt abschmecken.

Den warmen Grießbrei in einer Schüssel anrichten, etwas Erythrit und Zimt darüberstäuben und die Himbeeren dekorativ darauf verteilen.

Zubereitungsdauer: 5 Minuten

EIER IM GLAS AUF AVOCADO-SALSA

Nährwerte: 6,1 g Kohlenhydrate, 16,2 g Protein, 27,4 g Fett

ZUTATEN:

* 2 Eier
* 50 g Avocado (½ sehr kleine oder ¼ sehr große)
* 130 g Tomaten
* 1 TL Olivenöl
* 2 TL Limettensaft
* Ein paar Stängel Koriander, frisch
* Fleur de Sel
* Schwarzer Pfeffer aus der Mühle

Optional:
* Eierkocher verwenden

ZUBEREITUNG:

Die Eier mit einem Eierstecher an der dickeren Seite einstechen. In einem kleinen Topf Wasser zum Kochen bringen. Die Eier im kochenden Wasser 3 Minuten (weich) oder 5 Minuten (wachsweich) kochen. Alternativ kannst du einen Eierkocher verwenden.

Während die Eier kochen, das Fruchtfleisch der Avocado und die Tomaten sehr fein würfeln. Beides vermengen und mit Olivenöl und Limettensaft vermischen.

Den Koriander fein hacken und mit der Avocado-Salsa vermischen. Mit Salz und Pfeffer würzen. Die Salsa auf dem Boden eines ausreichend großen Glases verteilen.

Die Eier abschrecken, schälen und auf die Avocado-Salsa legen. Mit Fleur de Sel und frisch gemahlenem Pfeffer genießen.

Zubereitungsdauer: 10 Minuten

OMELETT MIT SPECK UND TOMATENSALSA

Nährwerte: 6 g Kohlenhydrate, 15,9 g Protein, 24,2 g Fett

ZUTATEN:

* 130 g Tomaten
* 30 g Schalotte, gehackt (2 EL)
* Ein paar Schnittlauchhalme
* Meersalz
* Schwarzer Pfeffer aus der Mühle
* 2 Eier
* 2 TL Butterschmalz (10 g)
* 1–2 Scheiben Bacon (10 g) (ohne Nitritpökelsalz)

ZUBEREITUNG:

Die Tomaten waschen, die Schalotte häuten. Die Tomate fein würfeln, die Schalotte hacken. Den Schnittlauch in feine Röllchen schneiden.

Die Tomatenwürfel mit der gehackten Schalotte und den Schnittlauchröllchen vermengen. Mit Salz und Pfeffer abschmecken und in einer kleinen Schüssel beiseitestellen.

Die Eier in eine Schüssel aufschlagen. Mit Salz und Pfeffer würzen und gut verquirlen.

Das Butterschmalz in einer Pfanne erhitzen und den Bacon darin auf beiden Seiten knusprig anbraten. Den Speck herausnehmen und auf einem Teller mit Küchenkrepp abtropfen lassen.

Nun das verquirlte Ei in die Pfanne gießen und bei mittlerer Hitze stocken lassen.

Das Omelett aus der Pfanne auf einen Teller gleiten lassen. Mit Bacon und Schnittlauchröllchen anrichten und mit der Tomatensalsa servieren.

Zubereitungsdauer: 15 Minuten

TIPP: *Aus Spiegelei oder Omelett kannst du ganz leicht eine To-go-Version zaubern. Gib dazu die verquirlten oder ganzen Eier einfach in Silikonförmchen und back es im Backofen. Du kannst auch Bacon und Gemüse mit in die Silikonförmchen geben und die Eier in ein Omelett-to-go bzw. in Spiegeleier-to-go verwandeln.*

ZITRONE-MOHN-MUFFINS

Nährwerte: 5,9 g Kohlenhydrate, 15,7 g Protein, 25,5 g Fett

ZUTATEN:

* 2 Eier
* 2 TL Kokosöl (10 g)
* 1 Bio-Zitrone, Saft und Abrieb
* 2 TL Mohn, gemahlen
* 1 EL Kokosmehl (5 g) (Reformhaus oder Bio-Supermarkt)
* 1 EL Erythrit (Reformhaus oder Bio-Supermarkt)
* ½ TL Weinsteinbackpulver
* 1 Msp. Bourbon-Vanille, gemahlen

Zusätzlich:

* 4 kleine Muffinförmchen

ZUBEREITUNG:

Den Backofen auf 160 °C Umluft (180 °C Ober-/Unterhitze) vorheizen.

Die Eier mit einem Rührgerät schaumig schlagen. Das Kokosöl bei mittlerer Hitze in einem Topf vorsichtig schmelzen und abkühlen lassen. Das Kokosöl mit der Eimasse vermengen.

Den Zitronensaft und den Zitronenabrieb in die Eimasse einrühren.

Zuletzt die trockenen Zutaten – Mohn, Kokosmehl, Erythrit, Backpulver und Vanille – vermischen, über die Eimasse sieben und einrühren.

Den Teig auf Muffinförmchen verteilen und 15–18 Minuten im Backofen goldbraun backen.

Zubereitungsdauer: 15 Minuten

TIPP: *Die Menge des Muffinteigs kannst du supereasy vervielfachen und ihn bereits am Wochenende vorbereiten. So bist du mit mehreren Portionen Frühstück für die Woche gewappnet.*

MANDEL-PROTEIN-KUGELN

Nährwerte: 5,9 g Kohlenhydrate, 17 g Protein, 24,6 g Fett

ZUTATEN:

* 2 TL gemahlene Mandeln (10 g)
* 2 TL Kakaopulver (10 g)
* 2 TL veganes Proteinpulver (10 g) (z. B. Mandelprotein bzw. entöltes Mandelmehl)
* 2 TL Erythrit (10 g) (Reformhaus oder Bio-Supermarkt)
* 1 EL Kokosöl (15 g)
* 55 g Himbeeren

ZUBEREITUNG:

Die gemahlenen Mandeln mit dem Kakaopulver, dem veganen Proteinpulver und dem Erythrit vermengen. Das Kokosöl in einem Topf bei geringer Hitze schmelzen und mit den trockenen Zutaten vermengen.

Daraus Kugeln formen und in etwas Kakaopulver wälzen. Mit den Himbeeren servieren.

Zubereitungsdauer: 5 Minuten

TIPP: *Dieses Frühstück eignet sich besonders gut für unterwegs. Du kannst gleich mehrere Portionen der Protein-Kugeln vorbereiten und im Kühlschrank aufbewahren oder einfrieren. Gekühlt wird das Kokosöl wieder fest, und die Kugeln lassen sich leichter transportieren.*

BOOST YOUR BRAIN

MITTAGESSEN TO GO

Mit den Mittagessen aus Phase 1 kommst du energiegeladen durch den Tag. Die schmackhaften Rezepte lassen sich blitzschnell vorbereiten und wunderbar mitnehmen. Gurkensalat mit Burrata, italienischer Antipasti-Teller oder superschnelle Gemüsesticks mit Taco-Dip warten auf dich.

KOHLRABI-STICKS MIT WÜRZIGEM TACO-DIP

Nährwerte: 12,1 g Kohlenhydrate, 32,6 g Protein, 49,7 g Fett

ZUTATEN:

- 30 g Schalotte (1 kleine)
- 1 Knoblauchzehe
- 3 EL Olivenöl
- 2 TL Limettensaft
- 3 EL veganes Proteinpulver (ca. 45 g)
- 1 TL Hefeflocken (optional)
- 1 Prise Chilipulver
- 1 Prise Kreuzkümmel (Cumin), gemahlen
- 1 Prise Cayennepfeffer
- 1 Prise Meersalz
- 200 g Kohlrabi

ZUBEREITUNG:

Die Schalotte und die Knoblauchzehe abziehen und beides fein hacken.

1 EL Olivenöl in einer Pfanne erhitzen. Die Schalotte und den Knoblauch darin andünsten, bis die Schalottenwürfelchen glasig sind. Auf die Hitze achten, damit der Knoblauch nicht anbrennt, denn dann wird er bitter.

Den Inhalt der Pfanne zusammen mit dem Limettensaft und dem restlichen Olivenöl in einen Mixer geben und fein pürieren. Das vegane Proteinpulver unterrühren. Den Dip mit den Hefeflocken (falls verwendet) und mit Chilipulver, Kreuzkümmel, Cayennepfeffer und Meersalz würzen. Wenn er zu dickflüssig wird, mit etwas Wasser glatt rühren.

Den Kohlrabi schälen und in Stifte schneiden. Die Kohlrabi-Sticks mit dem Dip servieren.

Zubereitungsdauer: 15 Minuten

ROMANASALAT MIT SESAMDRESSING

Nährwerte: 12,1 g Kohlenhydrate, 32,8 g Protein, 54,4 g Fett

ZUTATEN:

* 200 g Romanasalat
* 60 g Karotten, bunt (z. B. gelb, lila und/oder orange)
* 1 EL Zitronensaft
* 35 ml Olivenöl
* 2 TL Apfelessig
* 6 TL Sesam (30 g)
* 8 TL veganes Proteinpulver (40 g)
* Meersalz
* 1 Prise Chilipulver

ZUBEREITUNG:

Den Romanasalat waschen und grob in Stücke zupfen. Die bunten Karotten waschen und raspeln und mit etwas Zitronensaft beträufeln.

Das Olivenöl mit dem Apfelessig und 4 TL Sesamsamen in einen Mixer geben und fein pürieren. Das vegane Proteinpulver einrühren. Wenn das Dressing zu dickflüssig wird, noch etwas Wasser einrühren. Mit Meersalz und Chilipulver würzen.

Den Salat mit dem Dressing vermengen und mit der geraspelten Karotte garnieren. Mit den restlichen Sesamsamen dekorieren.

Zubereitungsdauer: 10 Minuten

TIPP: *Vielleicht möchtest du dein Dressing lieber etwas flüssiger, also ohne das Proteinpulver zubereiten. Das kannst du auch tun. Wichtig für die lang anhaltende Sättigung und die richtige Ausschüttung der Sättigungshormone ist diese Portion Protein. Löse darum das Proteinpulver in etwas Wasser auf und trinke es als Shake zu der Mahlzeit, wenn du es nicht in deinem Dressing verwendest.*

NOCH EIN TIPP: *Die übrigen bunten Karotten kannst du wunderbar für die Karotten-Pasta auf S. 104 verwenden!*

FEINER GURKENSALAT MIT BURRATA

Nährwerte: 12 g Kohlenhydrate, 32,3 g Protein, 51,7 g Fett

ZUTATEN:

* 250 g Salatgurke
* 140 g gelbe Paprika
* 2 TL Olivenöl (10 g)
* 2 TL Apfelessig
* Rosafarbenes Himalajasalz
* 165 g Burrata (siehe Tipp)
* Rosa Pfefferkörner
* Essbare Blüten (z. B. Gänseblümchen, Kapuzinerkresse, Hornveilchen, Tagetes)

Optional:

* Spiralschneider oder Sparschäler

ZUBEREITUNG:

Die Salatgurke und die Paprika waschen. Die Paprika halbieren und entkernen.

Die Gurke mit einem Spiralschneider oder einem Sparschäler in breite Streifen schneiden. So entstehen „Gurken-Tagliatelle". Die Paprika erst in feine Streifen, dann in kleine Würfel schneiden.

Die „Gurken-Tagliatelle" in einer Schüssel mit den Paprikawürfeln vermengen. Mit Olivenöl, Apfelessig und Salz würzen. Den Gurkensalat auf einem Teller anrichten.

Die Burrata in der Mitte platzieren. Einige rosa Pfefferkörner zwischen Daumen und Zeigefinger etwas zerdrücken, den Salat damit und mit den essbaren Blüten bunt dekorieren.

Zubereitungsdauer: 10 Minuten

SCHON GEWUSST? *Burrata ist ein spezieller Kuhmilch-Mozzarella mit flüssigem Kern. Diese Spezialität aus Italien findest du mittlerweile auch in vielen deutschen Supermärkten.*

SHIRATAKI-PASTA MIT THAI-SPARGEL, RÄUCHERLACHS UND SESAM

Nährwerte: 11,9 g Kohlenhydrate, 31,6 g Protein, 54 g Fett

ZUTATEN:

* 150 g gelbe Paprika
* 150 g grüner Thai-Spargel (*oder* junger grüner Spargel)
* 7 TL Kokosöl (35 g)
* 150 g Shirataki-Spaghetti (siehe *Tipp*)
* 1 TL Coconut Aminos (siehe unten *Schon gewusst?*)
* Meersalz
* Cayennepfeffer
* 120 g Räucherlachs
* Ein paar Stängel Koriander, frisch

ZUBEREITUNG:

Das Gemüse waschen. Die Paprika halbieren und entkernen und den Spargel von seinen holzigen Enden befreien.

Den Spargel schräg in Scheiben schneiden, die Spargelspitzen ganz lassen. Die Paprika in feine Streifen schneiden und diese halbieren.

Das Kokosöl in einer Pfanne erhitzen und das Gemüse darin anbraten. Etwa 5 Minuten unter ständigem Rühren weich dünsten.

Die Shirataki-Spaghetti in ein Sieb geben und unter fließendem Wasser abspülen, dann zusammen mit der Coconut Aminos in die Pfanne geben und noch einmal 3 Minuten erhitzen. Mit Salz und Cayennepfeffer abschmecken.

Den Räucherlachs in Streifen schneiden. Du kannst den Räucherlachs nun in der Pfanne mitgaren oder ihn erst am Schluss roh auf der Pasta anrichten.

Den Koriander fein hacken. Die Pasta mit dem Räucherlachs anrichten und mit dem gehackten Koriander garnieren.

Zubereitungsdauer: 20 Minuten

SCHON GEWUSST? *Coconut Aminos ist eine sojafreie Würzsauce aus Kokospalm-Blütensaft.*

TIPP: *Shirataki-Spaghetti werden auch „Konjaknudeln" genannt und aus dem Mehl der Konjakwurzel hergestellt. Sie bestehen fast nur aus Ballaststoffen und enthalten keine Kohlenhydrate. Du findest sie im Asialaden und mittlerweile auch in vielen Supermärkten als „0-Kalorien-" oder „Low-Carb-Pasta".*

ITALIENISCHER ANTIPASTI-TELLER

Nährwerte: 11,9 g Kohlenhydrate, 32,3 g Protein, 51,6 g Fett

ZUTATEN:

- 140 g rote Paprika
- 100 g Zucchini
- 1 EL Olivenöl
- Salz (Fleur de Sel)
- 55 g Bresaola (ital. Rinderschinken)
- 90 g grüne Oliven, ohne Stein
- 30 g Parmesan

ZUBEREITUNG:

Die rote Paprika waschen, putzen und in Streifen schneiden. Die Zucchini waschen und in Scheiben schneiden.

Das Olivenöl in einer Pfanne erhitzen und das Gemüse darin rundum etwa 5 Minuten andünsten.

Mit Fleur de Sel bestreuen.

Die Bresaola und die Oliven auf einem Teller anrichten. Das gebratene Gemüse dazulegen.

Zum Schluss den Parmesan darüberhobeln oder in Würfel geschnitten dazu reichen.

Zubereitungsdauer: 15 Minuten

SCHON GEWUSST? *Bresaola ist ein feiner italienischer Rinderschinken. Du findest ihn in zahlreichen Supermärkten, beim Feinkost-Metzger und beim Feinkost-Italiener.*

TIPP: *Im Sommer kannst du das Gemüse auch auf dem Grill garen und hinterher mit dem Olivenöl beträufeln.*

PFIFFERLINGSALAT MIT EI

Nährwerte: 11,9 g Kohlenhydrate, 31,7 g Protein, 51,2 g Fett

ZUTATEN:

* 2 Eier
* 200 g Pfifferlinge
* 100 g Karotte
* 2 EL Butterschmalz (30 g)
* 2 EL Zwiebel, fein gehackt (30 g)
* Ein paar Stängel Petersilie, frisch

Optional:
* Eierkocher

ZUBEREITUNG:

Die Eier hart kochen. Verwende dazu einen Eierkocher oder die klassische Zubereitung im Topf: Dazu die Eier am dickeren Ende mit einem Eierstecher einstechen und in den Topf legen. Mit Wasser bedecken und das Wasser zum Kochen bringen. Anschließend 8–10 Minuten kochen lassen. Die Eier mit einem Löffel herausnehmen und kalt abschrecken.

Während die Eier kochen, die Pfifferlinge putzen. Dazu mit Küchenkrepp vorsichtig den Schmutz entfernen. Die Karotte in feine Würfel schneiden.

Das Butterschmalz in einer Pfanne erhitzen und die fein gehackte Zwiebel darin glasig dünsten. Die Karotte hinzufügen und 3 Minuten mitbraten.

Anschließend auch die Pfifferlinge in die Pfanne geben und weitere 3–4 Minuten dünsten – dabei ständig wenden.

Die Petersilie fein hacken und einen Teil unter die Pfifferlinge heben.

Die Eier pellen und vierteln. Den Pfifferlingsalat auf einem Teller anrichten, mit den Eiern und dem Rest der gehackten Petersilie garnieren.

Zubereitungsdauer: 30 Minuten

TIPP: *Falls du ihn nicht sofort genießt, stell den Salat direkt nach der Zubereitung in den Kühlschrank. Gegarte Pfifferlinge sollten nicht zu lange warm lagern.*

EXPRESS-VITELLO TONNATO MIT CHICORÉE

Nährwerte: 12,1 g Kohlenhydrate, 32,2 g Protein, 52,6 g Fett

ZUTATEN:

* 100 g Kalbsbraten, gegart (vom Metzger) *oder* 100 g Kalbsschinken
* 40 g Thunfisch (aus der Dose, im eigenen Saft)
* 4 TL Olivenöl
* 2 EL Kapern (30 g)
* 8 TL Mayonnaise (40 g) (ohne Zucker und Zusatzstoffe)
* Meersalz
* Weißer Pfeffer aus der Mühle
* 200 g Chicorée
* 90 g Karotte
* Ein paar Stängel frische Petersilie, gehackt, zum Dekorieren

ZUBEREITUNG:

Den Kalbsbraten am besten vom Metzger in feine Scheiben schneiden lassen oder geschnittenen Kalbsschinken kaufen.

Den Thunfisch mit dem Olivenöl und der halben Menge Kapern in einen Mixer geben und fein pürieren. Die Mayonnaise unterheben. Die Thunfisch-Mayo mit Salz und Pfeffer abschmecken.

Den Chicorée und die Karotte waschen. Den Chicorée in sehr feine Scheiben schneiden und die Karotte raspeln.

Die Kalbfleischscheiben auf einem Teller auslegen. Die Hälfte der Thunfisch-Mayo darüberlöffeln und dann mit den übrigen Kapern garnieren.

Den Chicorée zusammen mit der geraspelten Karotte in eine Schüssel geben und die restliche Thunfisch-Mayo unterheben. Mit frisch gemahlenem Pfeffer abrunden.

Die gehackte Petersilie darüberstreuen und das Vitello Tonnato mit dem Chicorée-Salat servieren.

Zubereitungsdauer: 15 Minuten

TIPP: *Wenn du etwas mehr Zeit zur Verfügung hast, kannst du das Kalbfleisch frisch zubereiten. Das lohnt sich vor allem bei einer Zubereitung für mehrere Personen. Verwende zum Beispiel Kalbsfilet, das du in der Pfanne anbrätst und anschließend im vorgeheizten Backofen (160 °C Umluft; 180 °C Ober-/Unterhitze) 15 Minuten garen lässt. Danach das Kalbfleisch in Backpapier wickeln und 10 Minuten ruhen lassen, anschließend fein aufschneiden.*

BOOST YOUR BRAIN

DAS ABENDESSEN

Du musst nach einem stressigen Tag nicht noch lange
in der Küche stehen, um in Phase 1 ein leckeres Abendessen
zu kreieren. Freu dich auf Garnelenspieße, Carpaccio mit Parmesan
oder mit Käse überbackenen Spitzkohl.

CHAMPIGNONCREMESUPPE

Nährwerte: 12,6 g Kohlenhydrate, 33,8 g Protein, 51,0 g Fett

ZUTATEN:

* 300 g Champignons
* 5 TL Kokosöl (25 g)
* 45 g Cashewkerne (3 EL)
* 200 ml Gemüsefond
* 4 TL veganes Proteinpulver (20 g) (z. B. Mandelprotein)
* Himalajasalz
* Weißer Pfeffer aus der Mühle
* Ein paar Stängel Petersilie, frisch

ZUBEREITUNG:

Die Champignons putzen und in Scheiben schneiden.

Das Kokosöl in einem Topf erhitzen. Champignons und Cashewkerne darin rundherum andünsten.

Den Gemüsefond angießen und die Suppe 10 Minuten köcheln lassen. Bei Bedarf noch etwas Wasser angießen. Mit einem Stand- oder Stabmixer fein pürieren.

Das vegane Proteinpulver einrühren und die Suppe mit Himalajasalz und weißem Pfeffer abschmecken.

Die Petersilie hacken.

Die Suppe in einem tiefen Teller anrichten und mit der gehackten Petersilie garnieren.

Zubereitungsdauer: 20 Minuten

VEGETARISCHE PAKORAS MIT CURRY-DIP

Nährwerte: 12,1 g Kohlenhydrate, 32,2 g Protein, 50,7 g Fett

ZUTATEN:

* 225 g Zucchini
* 60 g Halloumi (halbfester Käse aus Zypern)
* 1 Ei
* Rosafarbenes Himalajasalz
* 4 TL Kokosmehl (20 g)
* 1+1 Prise mildes Currypulver
* 4 TL Kokosöl (20 g)
* Ein paar Stängel Koriander, frisch
* 50 g griechischer Joghurt

ZUBEREITUNG:

Die Zucchini waschen und in fingerdicke Stücke schneiden. Den Halloumi in große Würfel schneiden.

Das Ei in eine Schüssel aufschlagen und mit einer Gabel verquirlen. Mit Salz würzen.

Das Kokosmehl in einen tiefen Teller geben und mit 1 Prise Currypulver vermischen.

Das Kokosöl in einer Pfanne erhitzen.

Nun die Zucchinischeiben und die Halloumiwürfel zuerst im Ei und dann im Kokosmehl wenden. Direkt im heißen Kokosöl knusprig goldbraun braten. Sollte noch Ei übrig sein, brate es in der Pfanne zu Rührei.

Den Koriander fein hacken. Den griechischen Joghurt mit einem Schuss Wasser, etwas Currypulver und dem gehackten Koriander verrühren.

Die vegetarischen Pakoras mit dem Dip anrichten.

Zubereitungsdauer: 25 Minuten

GARNELENSPIESSE MIT LIMETTEN-MARINADE

Nährwerte: 11,9 g Kohlenhydrate, 31,9 g Protein, 51,1 g Fett

ZUTATEN:

* 1 Knoblauchzehe
* Ein paar Stängel Koriander, frisch
* 1 Bio-Limette, Schalenabrieb und Saft
* 2 TL Olivenöl
* 130 g Garnelen
* 280 g Cocktailtomaten
* 30 g Feldsalat
* 120 g Avocado (1 kleine)
* 1 Prise Chiliflocken
* Meersalz
* 2 TL Kokosöl (10 g)
* Ein paar Stängel frische Petersilie, gehackt, zum Garnieren

ZUSÄTZLICH:

* Schaschlikspieße

ZUBEREITUNG:

Die Knoblauchzehe schälen und durchpressen oder fein hacken.

Den Koriander fein hacken.

Den Knoblauch, den Limettenabrieb, die Hälfte des Limettensafts und den gehackten Koriander mit dem Olivenöl vermischen.

Die Garnelen abwaschen, mit Küchenkrepp trocken tupfen und in einer Schale mit der Marinade vermengen.

Die Cocktailtomaten waschen und halbieren.

Den Feldsalat waschen, putzen, auf einem Teller anrichten und die frische Petersilie darüberstreuen.

Für eine schnelle Guacamole das Fruchtfleisch der Avocado mit einer Gabel zerdrücken. Mit Chiliflocken, Meersalz und dem restlichen Limettensaft würzen.

Die Garnelen auf Schaschlikspieße stecken, die restliche Marinade über den Salat träufeln.

Das Kokosöl in einer großen Pfanne erhitzen. Die Cocktailtomaten in der Pfanne andünsten und nach 1 Minute wenden. Die Tomaten an den Rand der Pfanne schieben und die Garnelenspieße im verbliebenen Fett auf beiden Seiten 1–2 Minuten anbräunen.

Garnelenspieße, gedünstete Tomaten und Feldsalat dekorativ auf Tellern anrichten, die schnelle Guacamole dazu reichen.

Zubereitungsdauer: 15 Minuten

ZUCCHINI-PASTA MIT FENCHEL UND KÜRBISKERNEN

Nährwerte: 11,9 g Kohlenhydrate, 31,1 g Protein, 51,1 g Fett

ZUTATEN:
* 320 g Zucchini
* 100 g Fenchel
* Meersalz
* 40 g Kürbiskerne
* 2 EL Olivenöl
* 15 g veganes Proteinpulver (z. B. Kürbiskernprotein)

Zusätzlich:
* Spiralschneider

ZUBEREITUNG:

Die Zucchini und den Fenchel waschen und putzen. Die Zucchini mit einem Spiralschneider zu „Spaghetti" verarbeiten. Gut salzen und beiseitestellen.

Den Fenchel sehr fein würfeln.

Die Kürbiskerne grob hacken und in einer Pfanne ohne Fett kurz anrösten, bis sie aromatisch duften.

In einem Mixer Olivenöl, Proteinpulver, die Hälfte der Kürbiskerne und eine kleine Handvoll vom fein gewürfelten Fenchel zu einer sämigen Sauce verarbeiten. Bei Bedarf noch etwas Wasser hinzugeben. Mit Meersalz abschmecken.

Das Salz von der Zucchini-Pasta abspülen. Die „Zoodles" in einen Topf geben und den Boden 1 Zentimeter hoch mit Wasser bedecken. Die Zucchini-Spaghetti unter Rühren andünsten, bis sie etwas weicher, aber noch angenehm bissfest sind – das dauert etwa 5 Minuten. Bei Bedarf noch etwas Wasser angießen, sodass der Topfboden immer leicht bedeckt ist.

Wenn die Zucchini einen angenehmen Biss haben, verbliebenes Wasser abgießen. Die Sauce mit zu den Zucchini geben und alles erhitzen.

Die Pasta auf einem Teller anrichten. Mit den restlichen feinen rohen Fenchelwürfeln und den übrigen gerösteten Kürbiskernen garnieren.

Zubereitungsdauer: 25 Minuten

LAMM & GEMÜSE AUS DEM OFEN

Nährwerte: 12,0 g Kohlenhydrate, 31,3 g Protein, 52,1 g Fett

ZUTATEN:

* 160 g Okraschoten
* 160 g Aubergine
* Paprikapulver, edelsüß
* Kreuzkümmel (Cumin), gemahlen
* Fleur de Sel
* 2 EL Olivenöl
* 1 EL Butterschmalz
* 1 Rosmarinzweig
* 100 g Lammfilet

ZUBEREITUNG:

Den Backofen auf 200 °C Umluft (220 °C Ober-/Unterhitze) vorheizen.

Die Okraschoten und die Aubergine waschen.

Die Enden der Okraschoten abschneiden und die Schoten längs halbieren.

Die Aubergine putzen und fein würfeln.

Ein Backblech mit Backpapier belegen und das Gemüse darauf verteilen.

Mit Paprikapulver, Kreuzkümmel und Fleur de Sel würzen und mit dem Olivenöl beträufeln. Alles gut durchmischen und 20 Minuten im Ofen garen.

In den letzten Minuten das Butterschmalz in einer Pfanne erhitzen. Den Rosmarinzweig in das Fett legen.

Das Lammfilet mit Fleur de Sel würzen und in der Pfanne rundherum scharf anbraten. Anschließend 5 Minuten ruhen lassen.

Das Lammfilet mit dem Gemüse servieren. Das Butterschmalz aus der Pfanne mit über das Gemüse träufeln.

Zubereitungsdauer: 30 Minuten

RINDERCARPACCIO MIT PARMESAN UND RUCOLA

Nährwerte: 11,9 g Kohlenhydrate, 31,5 g Protein, 49,8 g Fett

ZUTATEN:

* 25 g Pinienkerne
* 300 g Cocktailtomaten
* 60 g Rucola
* 40 g Rindercarpaccio (hauchdünn geschnittenes Rinderfilet)
* 30 g Parmesan
* 5 TL Olivenöl
* Fleur de Sel
* Schwarzer Pfeffer aus der Mühle

ZUBEREITUNG:

Die Pinienkerne in einer Pfanne ohne Fett goldbraun anrösten.

Die Cocktailtomaten und den Rucola waschen. Die Cocktailtomaten vierteln. Den Rucola abtropfen lassen.

Die Rinderfiletscheiben auf einem Teller auslegen. Eine Handvoll Rucola in der Mitte anrichten. Die Pinienkerne über das Carpaccio streuen.

Den Parmesan in feine Späne hobeln und auf dem Carpaccio verteilen.

Die Tomatenviertel in einer Schüssel mit dem restlichen Rucola vermengen. Die Hälfte des Olivenöls mit den Tomatenvierteln vermischen, anschließend mit Fleur de Sel und frisch gemahlenem Pfeffer würzen.

Das restliche Olivenöl über das Carpaccio träufeln und ein bisschen Fleur de Sel darauf verteilen.

Zubereitungsdauer: 10 Minuten

TIPP: *Rindercarpaccio findest du abgepackt in einigen Supermärkten. Doch besser lässt du es an der Metzgertheke fein aufschneiden. Wenn du das Rinderfilet selbst aufschneiden möchtest, frierst du es zuvor etwas an: Lagere das Filet eine Stunde im Gefrierfach. Danach kannst du es mit einem sehr scharfen Messer hauchdünn aufschneiden.*

ÜBERBACKENER SPITZKOHL

Nährwerte: 12 g Kohlenhydrate, 31,9 g Protein, 51,6 g Fett

ZUTATEN:

* 310 g Spitzkohl
* 3 TL Olivenöl
* Himalajasalz
* Cayennepfeffer (nach Geschmack)
* 115 g Gouda
* 2 EL Wasser
* 60 g Blaubeeren

Zusätzlich:
* Auflaufform

ZUBEREITUNG:

Den Backofen auf 200 °C Umluft (220 °C Ober-/Unterhitze) vorheizen.

Den Spitzkohl waschen, putzen und in feine Streifen schneiden.

Das Olivenöl in einer Pfanne erhitzen und die Spitzkohlstreifen darin 4–6 Minuten andünsten, bis sie langsam weich werden. Dabei mit einem Kochlöffel regelmäßig wenden. Mit Himalajasalz und Cayennepfeffer würzen.

Den Gouda fein reiben.

Den gedünsteten Spitzkohl und den geriebenen Gouda in einer Auflaufform vermengen. Zusätzlich 2 EL Wasser in die Auflaufform geben, damit der Spitzkohl nicht zu trocken wird.

10 Minuten im vorgeheizten Backofen goldbraun überbacken.

Die Blaubeeren gibt es als Dessert.

Zubereitungsdauer: 20 Minuten

REZEPTE

PHASE 2

BURN THE FAT

DAS FRÜHSTÜCK

Obstliebhaber freuen sich in Phase 2 auf das noch fruchtigere Frühstück – zum Beispiel in Form von Blaubeer-Pancakes. Für ein besonders schnelles Frühstück, das du auch wunderbar mitnehmen kannst, liefern Nuss-Nougat-Shake und Curcuma Latte alle nötigen Nährstoffe.

MINI-QUICHES MIT GOUDA UND TOMATEN

Nährwerte: 10,0 g Kohlenhydrate, 16,2 g Protein, 24,5 g Fett

ZUTATEN:

* 80 g Cocktailtomaten
* 35 g Gouda
* 5 TL Sahne (25 ml)
* 1 Ei
* Himalajasalz
* Cayennepfeffer
* 100 g Blaubeeren

Zusätzlich:

* 1 kleine Tarteform oder 4 kleine Muffinförmchen

ZUBEREITUNG:

Den Backofen auf 180 °C Umluft (200 °C Ober-/Unterhitze) vorheizen.

Die Cocktailtomaten waschen und vierteln.

Den Gouda fein reiben.

In einer Schüssel den geriebenen Gouda mit der Sahne und dem Ei verquirlen. Mit Salz und Cayennepfeffer abschmecken.

Die Cocktailtomaten mit der Eimasse vermischen und die Masse in der Tarteform oder auf die Muffinförmchen verteilen.

20 Minuten im Backofen stocken lassen.

Die Mini-Quiches warm oder kalt genießen.

Dazu gibt es frische Blaubeeren.

Zubereitungsdauer: 25 Minuten

GEFÜLLTE EIER – DEVILED EGGS

Nährwerte: 9,9 g Kohlenhydrate, 15,7 g Protein, 22,4 g Fett

ZUTATEN:

* 2 Eier
* 1 EL Mayonnaise (15 g) (ohne Zucker und Zusatzstoffe)
* ½ TL Dijonsenf
* 1 TL Apfelessig
* 1 Prise Muskat, gerieben
* 1 Prise Paprikapulver, edelsüß
* 1 TL Kapern
* Ein paar Schnittlauchhalme
* 250 g Cocktailtomaten
* Meersalz
* Schwarzer Pfeffer aus der Mühle

Optional:
* Eierkocher

ZUBEREITUNG:

Die Eier im Eierkocher oder in kochendem Wasser 10 Minuten hart kochen. Kalt abschrecken.

Die Eier pellen und längs halbieren. Die Eigelbe mit einem Teelöffel herauslösen und in eine Schüssel geben.

Die Mayonnaise, den Dijonsenf, den Apfelessig und je eine Prise der Gewürze zu den Eigelben geben und alles glatt rühren. Die Kapern unterheben.

Die Eihälften auf einem Teller anrichten, die Eigelb-Gewürz-Masse in die Mulden füllen.

Etwas Schnittlauch in dünne Röllchen schneiden und die gefüllten Eier damit garnieren.

Die Cocktailtomaten halbieren, mit Salz und Pfeffer bestreuen und mit den Eiern anrichten.

Zubereitungsdauer: 15–20 Minuten

TIPP: *Wenn du dieses Frühstück mehrmals verzehren willst, lohnt es sich, gleich mehrere Eier hart zu kochen. Sie halten sich im Kühlschrank etwa 3 Tage.*

NUSS-NOUGAT-SHAKE

Nährwerte: 9,8 g Kohlenhydrate, 14,5 g Protein, 23,3 g Fett

ZUTATEN:
* 40 g Banane (1 Mini-Banane)
* 2 EL Sahne (30 ml)
* 2 EL Haselnüsse (20 g)
* 1 TL Kakaopulver
* 150 ml Wasser
* 2 TL Collagen-Proteinpulver

ZUBEREITUNG:
Die Banane zusammen mit der Sahne, den Haselnüssen, dem Kakaopulver und dem Wasser in einen leistungsstarken Mixer geben. Etwa 3 Minuten auf höchster Stufe fein pürieren.

Dann das Collagen-Proteinpulver einrühren und genießen.

Zubereitungsdauer: 5 Minuten

TIPP: *Ein leistungsstarker Mixer kommt auch mit ganzen Haselnüssen gut klar. Falls du es dir einfacher machen möchtest, kannst du statt der ganzen Nüsse dieselbe Menge Haselnussmus verwenden.*

CURCUMA LATTE – GOLDENE MILCH

Nährwerte: 10,0 g Kohlenhydrate, 17,0 g Protein, 25,7 g Fett

ZUTATEN:
* 100 ml Kokosmilch
* 150 ml Wasser
* ½ TL + 1 Prise Kurkumapulver
* ¼ TL Ceylonzimt, gemahlen
* 1 TL Kokosöl (5 g)
* 5 TL veganes Proteinpulver (25 g)
* 1 TL Xylit (Birkenzucker) (optional)
* 90 g Erdbeeren

ZUBEREITUNG:
Die Kokosmilch in einem Topf mit dem Wasser mischen.

Das Kurkumapulver, den Zimt und das Kokosöl einrühren und die Mischung einmal aufkochen lassen.

Die Mischung vom Herd nehmen und das Proteinpulver einrühren. Nach Geschmack noch mit etwas Xylit süßen.

Das Getränk in einer Tasse oder einem hitzebeständigen Glas anrichten und etwas Kurkumapulver darüberstäuben.

Die Erdbeeren waschen und dazu genießen.

Zubereitungsdauer: 5 Minuten

TIPP: *Für schöne Schichten im Stil eines Latte macchiato kannst du die Kokosmilch separat erhitzen und aufschäumen. Gieße dann erst das heiße Wasser, das du mit den Gewürzen aufgekocht und mit Proteinpulver und Xylit gepimpt hast, in ein hitzefestes Glas. Anschließend gießt du die geschäumte Kokosmilch hinein, vorsichtig, um einen tollen „Macchiato"-Effekt zu erzielen.*

SAFTIGE PANCAKES MIT BLAUBEEREN

Nährwerte: 9,9 g Kohlenhydrate, 16,1 g Protein, 22,6 g Fett

ZUTATEN:

* 2 Eier
* 2 TL Kokosmehl
* ½ TL Weinsteinbackpulver
* 2 TL Kokosöl
* 100 g Blaubeeren
* 1 TL Xylit (Birkenzucker) (optional)

ZUBEREITUNG:

Die Eier trennen und das Eiweiß aufschlagen. Es sollte nicht komplett steif, nur etwas luftig sein, damit die Pancakes hinterher fluffig werden, aber gleichzeitig schön saftig sind. Das Eigelb vorsichtig unterziehen.

Das Kokosmehl mit dem Backpulver vermischen und über die Ei-Mischung sieben. Vorsichtig unterheben.

Das Kokosöl in einer Pfanne erhitzen. Den Herd auf mittlere Hitze einstellen.

Von einem Löffel Teig kreisförmig in die Pfanne laufen lassen – für einen Pancake mit etwa 10 Zentimeter Durchmesser.

Lass den Teig so lange auf einer Seite garen, bis sich oben kleine Bläschen bilden und du siehst, dass der Teig fest wird. Dann dreh den Pancake vorsichtig mit einem Pfannenwender um und back ihn auf der anderen Seite noch etwa 1 Minute goldbraun. Verarbeite den restlichen Teig auf dieselbe Weise und halte die fertigen Pancakes in der Zwischenzeit schön warm.

Die Pancakes mit Blaubeeren garnieren und mit Xylit bestäuben.

Zubereitungsdauer: 10–15 Minuten

SCHON GEWUSST? *Xylit gibt es auch in pudriger Form – wie Puderzucker. Du kannst den „Puder" aber auch ganz einfach selbst machen, indem du eine Portion Xylit in einen leistungsstarken Mixer gibst und es fein vermahlst.*

TIPP: *Wenn du zu deinen Pancakes lieber eine Blaubeersauce haben möchtest, kannst du die Blaubeeren in einem Topf mit 2 EL Wasser kurz andünsten, bis sie zerfallen. Ich mag sie am liebsten gemischt – dazu dünste ich die Hälfte der Blaubeeren an und gebe die andere Hälfte frisch dazu.*

KOKOS-CHIA-PUDDING MIT FRÜCHTEN

Nährwerte: 9,9 g Kohlenhydrate, 14,8 g Protein, 24,3 g Fett

ZUTATEN:

* 20 g Chia-Samen
* 90 ml Kokosmilch
* 4 EL Wasser
* 3 TL veganes Proteinpulver (15 g)
* 2 TL Xylit (Birkenzucker) (optional)
* 70 g Papaya

ZUBEREITUNG:

Die Chia-Samen in einer Schüssel mit der Kokosmilch und dem Wasser vermengen. In den Kühlschrank stellen und über Nacht einweichen lassen.

Am Morgen das Proteinpulver einrühren und den Pudding nach Belieben mit Xylit abschmecken.

Das Papayafruchtfleisch würfeln und auf dem Pudding anrichten.

Zubereitungsdauer: 10 Minuten (plus Einweichen über Nacht)

SCHOKOPORRIDGE MIT NASHIBIRNE

Nährwerte: 9,9 g Kohlenhydrate, 15,0 g Protein, 23,6 g Fett

ZUTATEN:

* 2 TL Kokosmehl
* 2 EL Kokosraspel (15 g)
* 2 TL Leinsamen (10 g)
* 1 TL Kakaopulver
* 100 ml Wasser
* 40 ml Kokosmilch
* 3 TL veganes Proteinpulver (15 g)
* Xylit (Birkenzucker) (optional)
* 50 g Nashibirne (etwa ¼ Frucht)

ZUBEREITUNG:

Das Kokosmehl, die Kokosraspel, die Leinsamen und das Kakaopulver in einen Mixer geben und kurz schroten.

Diese Porridge-Grundlage in einen Topf geben und das Wasser zusammen mit der Kokosmilch angießen. Das Porridge leicht erhitzen und 2 Minuten quellen lassen.

Das Proteinpulver einrühren und das Porridge nach Geschmack mit Xylit süßen.

Die Nashibirne fein würfeln und auf dem Porridge anrichten.

Zubereitungsdauer: 10 Minuten

TIPP: *Die restliche Nashibirne kannst du wunderbar für das Rezept auf Seite 96 „Kohlrabisalat mit Bergkäse" verwenden.*

BURN THE FAT

MITTAGESSEN TO GO

Die Rezepte aus Phase 2 versorgen dich mit Energie und Vitaminen. Besonders leicht mitzunehmen sind die Foodpunk-Salate und -Suppen. Genieße würzige Brokkoli-Lauch-Suppe, Kohlrabisalat mit Bergkäse oder Sushi-Burritos.

BROKKOLI-LAUCH-SUPPE

Nährwerte: 20,1 g Kohlenhydrate, 32,6 g Protein, 50,1 g Fett

ZUTATEN:

* 200 g Lauch
* 130 g Brokkoli
* 2 TL Kokosöl
* 200 ml Kokosmilch (ohne Zusätze)
* 7 TL Kürbiskern-Proteinpulver (35 g)
* 1 Prise Muskat, frisch gerieben
* Meersalz
* Schwarzer Pfeffer aus der Mühle

ZUBEREITUNG:

Den Lauch und den Brokkoli waschen.

Den Lauch in feine Ringe schneiden. Den Brokkoli fein hacken (um die Garzeit zu verkürzen).

Das Kokosöl in einem Topf erhitzen und den Lauch darin andünsten, bis er aromatisch duftet.

Den Brokkoli dazugeben und rundherum andünsten.

Das Gemüse knapp mit Wasser bedecken und 15 Minuten köcheln lassen. Die Kokosmilch angießen und die Suppe mit dem Stabmixer pürieren.

Das Kürbiskern-Proteinpulver in die Suppe einrühren.

Die Suppe mit einer Prise Muskat, Salz und frisch gemahlenem Pfeffer würzen. Anrichten und genießen.

Zubereitungsdauer: 25 Minuten

PETERSILIENCREMESUPPE MIT PARMESAN

Nährwerte: 20,1 g Kohlenhydrate, 31,4 g Protein, 47,1 g Fett

ZUTATEN:

* 1 Schalotte
* 280 g Petersilienwurzeln
* 70 g Parmesan
* 2 TL Butter (10 g)
* 300 ml Gemüsefond
* 50 ml Sahne
* Meersalz
* 1 Prise Muskat, gerieben
* 1 EL Petersilienblätter, frisch gehackt

ZUBEREITUNG:

Die Haut der Schalotte abziehen und die Schalotte fein hacken.

Die Petersilienwurzeln schälen und in feine Würfel schneiden. (Größere Würfel haben eine längere Gardauer.)

Den Parmesan fein reiben.

Die Butter bei mittlerer Hitze in einem Topf erhitzen und die Schalotte darin glasig dünsten. Die Petersilienwurzel-Würfel hinzugeben und rundherum andünsten.

Den Gemüsefond angießen und aufkochen lassen. Das Gemüse 15 Minuten garen. Dann mit dem Stabmixer fein pürieren.

1 EL geriebenen Parmesan für die Deko beiseitestellen. Den restlichen Parmesan in die Suppe geben und schmelzen lassen.

Die Sahne einrühren und die Suppe mit Meersalz und Muskat würzen.

Die Suppe in einer Schüssel oder einem tiefen Teller anrichten und mit den gehackten Petersilienblättern und dem restlichen Parmesan bestreuen.

Zubereitungsdauer: 25 Minuten

KOHLRABISALAT MIT BERGKÄSE

Nährwerte: 20,2 g Kohlenhydrate, 32,3 g Protein, 47,7 g Fett

ZUTATEN:

* 300 g Kohlrabi
* 80 g Nashibirne (etwa ½ kleine Frucht)
* 90 g Bergkäse
* 4 TL Olivenöl
* 2 TL Apfelessig
* Meersalz
* Schwarzer Pfeffer aus der Mühle
* Ein paar Schnittlauchhalme

ZUBEREITUNG:

Den Kohlrabi und die Nashibirne schälen und fein hobeln.

Den Bergkäse reiben.

Alles in einer Schüssel vermengen und mit Olivenöl und Apfelessig anmachen.

Mit Salz und Pfeffer abschmecken.

Den Schnittlauch in feine Röllchen schneiden.

Den Salat in einer Schüssel anrichten und mit dem Schnittlauch garnieren.

Zubereitungsdauer: 10 Minuten

TIPP: *Die restliche Nashibirne kannst du wunderbar für das Rezept auf Seite 91 „Schokoporridge mit Nashibirne" verwenden.*

KRABBENSALAT AUF ROMANABLÄTTERN

Nährwerte: 20,2 g Kohlenhydrate, 32,3 g Protein, 48,9 g Fett

ZUTATEN:

* 120 g Romanasalat
* 120 g Salatgurke
* 105 g Apfel
* 155 g Krabben, gegart und verzehrfertig
* 3 gestr. EL Mayonnaise (40 g)
* 3 TL Olivenöl
* 2 TL Apfelessig
* Meersalz
* Weißer Pfeffer aus der Mühle
* Etwas Dill zum Garnieren

ZUBEREITUNG:

Den Romanasalat, die Salatgurke und den Apfel waschen.

Die Salatgurke und den Apfel fein hobeln. In einer Schüssel mit den gegarten Krabben, der Mayonnaise, dem Olivenöl und dem Apfelessig vermengen. Mit Meersalz und weißem Pfeffer abschmecken.

Den Romanasalat grob in Stücke zupfen und in einer Schüssel anrichten. Den Krabbensalat darauf platzieren.

Den Dill fein hacken und über den Salat streuen.

Zubereitungsdauer: 20 Minuten

TIPP: *Wenn du den Apfel lieber separat isst, kannst du ihn einfach als Nachtisch genießen, anstatt ihn mit in den Salat zu hobeln.*

GURKENSALAT MIT ROASTBEEF, APFEL UND RADIESCHEN

Nährwerte: 20,4 g Kohlenhydrate, 32,5 g Protein, 49,5 g Fett

ZUTATEN:
* 200 g Salatgurke
* 100 g Radieschen
* 80 g grüner Apfel
* 8 TL griechischer Joghurt (50 g)
* 2 EL Mayonnaise
* 1 EL Olivenöl
* 1 EL Apfelessig
* Meersalz
* Schwarzer Pfeffer
* Ein paar Schnittlauchhalme, frisch
* 125 g Roastbeef, gegart, fein aufgeschnitten

ZUBEREITUNG:
Die Salatgurke, die Radieschen und den Apfel waschen. Die Salatgurke fein hobeln. Die Radieschen und den Apfel würfeln.

Den griechischen Joghurt mit der Mayonnaise, dem Olivenöl und dem Apfelessig vermischen. In einer Schüssel Salatgurke, Radieschen, Apfel und Joghurt-Mayonnaise vermengen.

Mit Salz und Pfeffer abschmecken. Den Schnittlauch in feine Röllchen schneiden.

Die Roastbeefscheiben auf dem Gurkensalat anrichten und mit den Schnittlauchröllchen garnieren.

Zubereitungsdauer: 10 Minuten

TOMATENSALAT MIT HANF-TOPPING UND KRÄUTER-DRESSING

Nährwerte: 19,9 g Kohlenhydrate, 31,8 g Protein, 46,7 g Fett

ZUTATEN:
* 250 g Tomaten
* 30 g Frühlingszwiebel
* 5 TL Olivenöl (25 ml)
* 2 TL Apfelessig
* 5 TL veganes Proteinpulver (25 g) (z. B. Hanfprotein)
* 4 EL Hanfsamen, geschält (60 g)
* Meersalz
* Schwarzer Pfeffer aus der Mühle
* 100 g Aprikosen, frisch

ZUBEREITUNG:
Die Tomaten waschen und in Stücke schneiden. Die Frühlingszwiebel in feine Röllchen schneiden und die Hälfte davon mit den Tomatenwürfeln vermengen.

Olivenöl, Apfelessig und veganes Proteinpulver verrühren. Etwas Wasser zugeben, sodass ein glattes Dressing entsteht. Das Dressing mit den Tomaten vermischen. Die Hälfte der Hanfsamen unter den Tomatensalat mischen. Mit Meersalz und frisch gemahlenem Pfeffer würzen. Den Salat mit den restlichen Frühlingszwiebelröllchen und Hanfsamen toppen.

Die Aprikosen waschen und als Dessert genießen.

Zubereitungsdauer: 10–15 Minuten

SUSHI-BURRITOS MIT GEBRATENER PUTE UND AVOCADO

Nährwerte: 20,0 g Kohlenhydrate, 31,7 g Protein, 48,6 g Fett

ZUTATEN:

* 200 g gelbe Paprika
* 100 g Salatgurke
* 120 g Avocado (1 kleine Frucht)
* 100 g Putenschnitzel
* 1 EL Kokosöl
* Frische rote Chilischote, in dünne Ringe geschnitten (nach Geschmack)
* 4 Nori-Blätter (aus getrockneten Meeresalgen, gibt's im Asialaden)
* 1 EL Coconut Aminos (optional)

Zusätzlich:

* Bambusmatte zum Rollen (falls vorhanden, siehe *Tipp*)

ZUBEREITUNG:

Die Paprika und die Salatgurke waschen. Beides in feine Streifen schneiden.

Die Avocado halbieren und das Fruchtfleisch möglichst im Ganzen mit einem Löffel herauslösen. Das Fruchtfleisch in Streifen schneiden.

Das Putenfleisch in feine Streifen schneiden.

Das Kokosöl in einer Pfanne erhitzen und die Putenstreifen darin rundherum goldbraun braten.

Ein Nori-Blatt auf die Bambusmatte legen und mit Wasser befeuchten, dadurch wird es biegsam.

Nun abwechselnd Paprika-, Gurken-, Avocado- und Putenstreifen sowie Chilischoten-Ringe auf das Nori-Blatt legen, bis die Füllung eine Dicke von etwa 4 Zentimetern hat. Falls gewünscht, jetzt noch mit Coconut Aminos beträufeln.

Roll nun das Nori-Blatt mithilfe der Bambusmatte eng um die Füllung ein. Die fertigen Röllchen mit einem scharfen Messer in drei bis vier Stücke schneiden und servieren.

Zubereitungsdauer: 15 Minuten

TIPP: *Wenn du keine Bambusmatte hast, kannst du auch ein sauberes Geschirrtuch verwenden, um die Nori-Blätter eng einzurollen.*

BURN THE FAT

DAS ABENDESSEN

Abends auch mal gemütlich auf der Couch essen?
Kein Problem – solange es das Richtige ist. Mit Karottenpasta
mit Käsesauce, mediterranem Ofengemüse mit Hähnchenkeule
oder Paprika-Curry kannst du abends ohne viel Aufwand
lecker schlemmen.

AUBERGINEN-WEDGES MIT ORANGEN-DIP

Nährwerte: 19,9 g Kohlenhydrate, 30,8 g Protein, 45,4 g Fett

ZUTATEN:

* 300 g Auberginen
* 120 g Orange
* 8 TL veganes Proteinpulver (40 g) (z. B. Hanfprotein)
* Mildes Currypulver *oder* Ras el Hanout
* 3 TL Kokosmehl (15 g)
* 8 TL Kokosöl (40 g)

ZUBEREITUNG:

Die Aubergine waschen, putzen, längs halbieren und der Länge nach in Spalten/Wedges schneiden.

Die Orange filetieren, dabei den Saft auffangen. Orangenfilets sowie Saft in einen Mixer geben und fein pürieren. Das vegane Proteinpulver einrühren. Den Dip mit mildem Currypulver oder Ras el Hanout abschmecken.

Das Kokosmehl auf einen flachen Teller geben. Die Auberginen-Wedges mit Wasser befeuchten und in dem Kokosmehl wenden.

Das Kokosöl in einer Pfanne erhitzen und die Auberginen-Wedges darin braten, bis sie außen goldbraun und innen schön weich sind.

Die Auberginen-Wedges mit dem Orangen-Dip servieren.

Zubereitungsdauer: 20 Minuten

SCHON GEWUSST? *In der aus Nordafrika stammenden Gewürzmischung Ras el Hanout vereinen sich süße, blumige, scharfe und bittere Aromen: so etwa Muskat, Zimt, Veilchenwurzel, Kardamom, Kurkuma, Ingwer, Galgant, Rosenpaprika, Chili, Piment, Kreuzkümmel ... Sie kann – je nach Hersteller – mehr als 20 verschiedene Zutaten enthalten.*

GEFÜLLTE CHAMPIGNONS MIT KÜRBIS

Nährwerte: 20,1 g Kohlenhydrate, 31,6 g Protein, 47,6 g Fett

ZUTATEN:

* 200 g Champignons
* Ein paar Schnittlauchhalme, frisch
* 1 Ei
* 60 g Gouda, gerieben
* 1+1 Prise Muskat, frisch gerieben
* 1 Prise Paprikapulver, edelsüß
* Himalajasalz
* 190 g Butternut-Kürbis
* 70 ml Sahne

ZUBEREITUNG:

Den Backofen auf 200 °C Umluft (220 °C Ober-/Unterhitze) vorheizen. Ein Backblech mit Backpapier auslegen.

Die Champignons putzen, die Stiele entfernen, das untere Ende abschneiden und den Rest klein hacken. Den Schnittlauch in Röllchen schneiden. Das Ei in einer Schüssel verquirlen. Die Hälfte des Goudas, die gehackten Pilzstiele und die Schnittlauchröllchen unterheben. Mit Muskat, Paprika und Salz würzen.

Die Champignonköpfe mit der Öffnung nach oben auf dem Backblech verteilen. Die Ei-Käse-Mischung hineingeben und den restlichen Gouda darüberstreuen. 20 Minuten im Ofen backen.

Den Kürbis schälen, entkernen und in Würfel schneiden. In einen Topf geben, mit Wasser bedecken und 15 Minuten weich kochen. Das verbliebene Wasser abgießen und den Kürbis mit einem Kartoffelstampfer zu einem Püree zerstampfen. Die Sahne einrühren und mit Salz und Muskat abschmecken. Das Kürbispüree mit den gefüllten Champignons servieren.

Zubereitungsdauer: 30 Minuten

KAROTTENPASTA MIT KÄSESAUCE

Nährwerte: 20,0 g Kohlenhydrate, 32,3 g Protein, 48,3 g Fett

ZUTATEN:

* 280 g Karotten
* 2 Thymianzweige, frisch
* 100 ml Wasser
* 135 g Gouda, gerieben
* 4 TL Sahne (20 ml)
* Himalajasalz
* Schwarzer Pfeffer
* Paprikapulver, edelsüß

Zusätzlich:

* Spiralschneider oder Sparschäler

ZUBEREITUNG:

Die Karotten schälen und mit einem Sparschäler oder einem Spiralschneider zu „Spaghetti" verarbeiten. Die Karotten, einen Thymianzweig und das Wasser in einen Topf geben und etwa 7 Minuten dünsten. Die Karotten sollen weich, aber noch bissfest sein. Falls nötig, noch etwas Wasser angießen.

Sobald die Karotten gar sind, den Gouda unterrühren. Den Topf vom Herd nehmen, die Sahne angießen und mit Salz, Pfeffer und Paprika abschmecken. Mit dem 2. Thymianzweig garniert servieren.

Zubereitungsdauer: 15 Minuten

MEDITERRANES OFENGEMÜSE MIT HÄHNCHENKEULE

Nährwerte: 19,9 g Kohlenhydrate, 32,2 g Protein, 46,4g Fett

ZUTATEN:

* 150 g Zucchini
* 140 g Aubergine
* 200 g gelbe Paprika
* 50 g rote Zwiebel
* 135 g Hähnchenkeule (wiegt mit Knochen ca. 160 g)
* 3 TL Butterschmalz (15 g)
* 3 TL Olivenöl (15 g)
* Meersalz
* 1 Prise Oregano, getrocknet, gerebelt
* 1 Prise Basilikum, getrocknet, gerebelt
* Ein paar Zweige frischer Thymian, *ersatzweise* 1 Prise Thymian, getrocknet, gerebelt

Zusätzlich:

* Auflaufform

ZUBEREITUNG:

Den Backofen auf 200 °C Umluft (220 °C Ober-/Unterhitze) vorheizen.

Das Gemüse waschen, die Zwiebel häuten. Alles sehr fein würfeln, idealerweise in Würfel von 0,5 Zentimeter Kantenlänge.

Die Hähnchenkeule mit Küchenkrepp abtupfen. Das Butterschmalz in einer Pfanne erhitzen und die Hähnchenkeule darin auf der Hautseite anbraten. Knusprig braten lassen, während du das Gemüse für den Ofen vorbereitest.

Die Gemüsewürfel in einer Auflaufform mit dem Olivenöl vermengen. Salz und je 1 Prise der getrockneten Kräuter bzw. den frischen Thymian hinzugeben.

Die knusprig gebratene Hähnchenkeule auf das Gemüse legen und das restliche Ghee vom Anbraten über das Gemüse träufeln.

20 Minuten im Ofen garen.

Zubereitungsdauer: 30 Minuten

TIPP: *Je kleiner die Gemüsewürfel, desto kürzer die Zubereitungsdauer. Achte beim Express-Kochen immer auf ganz klein geschnittene Zutaten, damit sparst du eine Menge Zeit. Und das Anbraten der Hähnchenkeule verkürzt die Garzeit im Backofen.*

BABY-CALAMARI VOM GRILL

Nährwerte: 20,0 g Kohlenhydrate, 32,3 g Protein, 47,9 g Fett

ZUTATEN:

* 1 Bio-Zitrone, Schalenabrieb und Saft
* 3 EL Olivenöl (45 g)
* 1 Knoblauchzehe
* 2 EL Petersilienblätter, frisch
* Fleur de Sel
* 250 g rote Paprika
* 180 g Baby-Calamari, ausgenommen und geputzt
* 30 g Rucola

ZUBEREITUNG:

Die Schale der Bio-Zitrone waschen, abreiben und mit dem Olivenöl vermengen.

Den Knoblauch abziehen und durchpressen. Die Petersilienblätter fein hacken. Den durchgepressten Knoblauch und die Hälfte der gehackten Petersilie mit dem Olivenöl vermischen und die Marinade mit Fleur de Sel würzen.

Die rote Paprika waschen und in breite Streifen schneiden. Paprikastreifen und die Baby-Calamari mit der Marinade vermengen und ziehen lassen, bis der Grill oder Pfanne heiß ist.

Wenn bei dir ohnehin gegrillt wird, kannst du Paprika und Calamari kurz mit auf den Grill legen. Calamari und Paprika brauchen auf jeder Seite etwa 2 Minuten. Falls du einen Kontaktgrill hast, kannst du beides auch darin auf jeder Seite 1–2 Minuten grillen. Natürlich kannst du Calamari und Paprika auch in der Pfanne braten – auf jeder Seite 1–2 Minuten.

Die Rucolablätter auf einem Teller auslegen, dann die gegrillten oder gebratenen Paprikastreifen und Calamari darauf anrichten.

Die Zitrone halbieren und den Saft einer Hälfte über das Gericht träufeln.

Die restliche Marinade über das Gericht verteilen und den Teller mit der übrigen gehackten Petersilie dekorieren.

Zubereitungsdauer: 15 Minuten

TIPP: *Beim schnellen Kochen bietet ein Kontaktgrill eine tolle Unterstützung. Darin kannst du Fleisch, Fisch oder Gemüse schnell in der Küche zubereiten. Die Hitze von oben und unten lässt die Gerichte besonders rasch gelingen.*

PAPRIKA-CURRY MIT BLUMENKOHLREIS

Nährwerte: 19,8 g Kohlenhydrate, 31,0 g Protein, 47,4 g Fett

ZUTATEN:

- 100 g rote Paprika (1 kleine oder ½ große Schote)
- 100 g gelbe Paprika (1 kleine oder ½ große Schote)
- 150 g Blumenkohl
- 2 EL Kokosöl (30 g)
- 1 TL rote Currypaste
- 4 EL Kokosmilch (60 ml)
- Himalajasalz
- Ein paar Stängel Koriander, frisch

ZUBEREITUNG:

Die Paprikaschoten und den Blumenkohl waschen.

Die Paprikaschoten putzen und entkernen. In breite Streifen und dann in Quadrate schneiden.

Den Blumenkohl in Röschen teilen. Die Röschen im Mixer zu reiskorngroßen Stückchen zerkleinern – immer nur eine Handvoll auf einmal.

Die Hälfte des Kokosöls in einem Topf erhitzen und den Blumenkohlreis darin andünsten. Etwa ein halbes Glas Wasser angießen und den Blumenkohlreis im offenen Topf 7 Minuten dünsten.

Das restliche Kokosöl in einer Pfanne erhitzen. Die Currypaste darin anschwitzen.

Die Paprikawürfel darin rundherum andünsten. Unter Rühren 4 Minuten weich garen. Dann die Kokosmilch angießen.

Den Blumenkohlreis mit Salz würzen. Überschüssiges Wasser abgießen.

Den Blumenkohlreis auf einem Teller anrichten und das Paprika-Curry aus der Pfanne dazugeben.

Den Koriander fein hacken und das Gericht damit garnieren.

Zubereitungsdauer: 20 Minuten

ROSTBRATWÜRSTCHEN MIT PETERSILIENWURZELSTAMPF

Nährwerte: 19,9 g Kohlenhydrate, 31,8 g Protein, 47,9 g Fett

ZUTATEN:

* 300 g Petersilienwurzeln
* 2 EL Sahne
* 1 Prise Muskat, frisch gerieben
* Fleur de Sel
* 2 TL Butterschmalz
* 130 g Nürnberger Rostbratwürstchen (6 Stück) (am besten in Bio-Qualität)
* Ein paar Stängel Petersilie, frisch
* 2 TL Dijon-Senf

ZUBEREITUNG:

Die Petersilienwurzeln waschen, schälen und fein würfeln.

Die Petersilienwurzel-Würfel in einem Topf mit Wasser bedecken und 15 Minuten garen. Anschließend das Wasser abgießen, das Gemüse mit dem Kartoffelstampfer zerdrücken und mit der Sahne verfeinern. Das Püree mit der Prise Muskat und Fleur de Sel würzen. Zugedeckt auf der ausgeschalteten Herdplatte warm halten.

Das Butterschmalz in einer Pfanne erhitzen und die Rostbratwürstchen darin rundherum goldbraun braten.

Die Petersilie fein hacken.

Die Bratwürstchen mit dem Petersilienwurzelstampf auf einem Teller anrichten. Mit der gehackten Petersilie garnieren. Den Dijon-Senf dazu reichen.

Zubereitungsdauer: 25 Minuten

REZEPTE

PHASE 3

EAT CLEAN

DAS FRÜHSTÜCK

Durch eine etwas erhöhte Kohlenhydratmenge wird das Frühstück in Phase 3 besonders süß. Trotzdem bleibt der Blutzuckerspiegel dank Ballaststoffen und einer angemessenen Portion Protein konstant. Schnelle Schoko-Bananen-Muffins, Açaíbeeren-Bowl und Cashewmilch-Shake lassen dich gut in den Tag starten.

CREMIGER LIMETTEN-SHAKE

Nährwerte: 19,9 g Kohlenhydrate, 14,4 g Protein, 20,6 g Fett

ZUTATEN:

- 1 Bio-Limette, Schalenabrieb und Saft
- 85 g Avocado (½ große Frucht)
- 100 ml Wasser
- 80 g Banane
- 2 TL Collagen-Proteinpulver

ZUBEREITUNG:

Die Schale der Limette abreiben, die Limette halbieren und den Saft auspressen.

Mit einem Löffel das Fruchtfleisch aus der Avocadohälfte herauslösen.

Den Limettensaft zusammen mit dem Wasser, der Banane und dem Avocadofruchtfleisch in den Mixer füllen und alles fein pürieren.

Den Limettenabrieb und das Collagen-Proteinpulver dazugeben und kurz in das Getränk hineinmixen.

Zubereitungsdauer: 5 Minuten

SÜSSER CASHEWMILCH-SHAKE

Nährwerte: 19,2 g Kohlenhydrate, 16,8 g Protein, 19,4 g Fett

Abbildung auf Seite 117

ZUTATEN:

- 40 g Cashewkerne
- 15 g Datteln, getrocknet
- ½ TL Ceylonzimt
- 200 ml Wasser
- 2 TL Molkenproteinpulver

ZUBEREITUNG:

Die Cashewkerne in einer Schüssel mit Wasser bedeckt über Nacht einweichen lassen.

Am Morgen das Wasser abgießen.

Die Cashews zusammen mit den Datteln, dem Zimt und dem Wasser in einen leistungsstarken Mixer geben. 3 Minuten auf höchster Stufe durchmixen.

Anschließend das Molkenproteinpulver einrühren und den Shake noch einmal kurz aufmixen.

Zubereitungsdauer: 5 Minuten (Nüsse über Nacht einweichen)

TIPP: *Wenn du die Cashewkerne nicht eingeweicht hast, kannst du sie vor der Verwendung auch 10 Minuten in kochendes Wasser geben.*

KOKOSJOGHURT MIT MANGO

Nährwerte: 19,9 g Kohlenhydrate, 15,0 g Protein, 19,5 g Fett

ZUTATEN:

- 130 g Mango
- 100 g Kokosjoghurt (aus Kokosmilch)
- 4 TL veganes Proteinpulver (20 g) (z. B. Mandelprotein)
- 2 EL Mineralwasser
- 1 TL Xylit (Birkenzucker) (optional)
- 1 Stängel Minze, frisch (optional)

ZUBEREITUNG:

Das Mangofruchtfleisch würfeln. Den Kokosjoghurt mit dem Proteinpulver, Mineralwasser und Xylit glatt rühren.

Abwechselnd Mango und Joghurtcreme in ein Glas schichten. Mit frischer Minze garnieren und genießen.

Zubereitungsdauer: 5 Minuten

TIPP: *Kokosjoghurt gibt es in vielen Bio-Supermärkten. Während kleine 150-g-Becherchen recht teuer sind, gibt es mittlerweile auch günstigere 500-g-Becher. Es lohnt sich also, dieses Frühstück öfter zu genießen.*

UND NOCH EIN TIPP: *Übrige Mango kannst du ganz einfach würfeln und auf Vorrat für dasselbe oder ein anderes Rezept einfrieren.*

AÇAÍBEEREN-BOWL

Nährwerte: 20,2 g Kohlenhydrate, 16,9 g Protein, 20,4 g Fett

ZUTATEN:

- 100 g Açaíbeeren-Püree
- 90 g Banane (1 kleine Frucht)
- 100 ml Mandelmilch, ungesüßt
- 3 TL veganes Proteinpulver
- 1 TL Xylit (Birkenzucker) (optional)
- 2 EL Mandeln, gehobelt (20 g)

ZUBEREITUNG:

Das Açaíbeeren-Püree zusammen mit der Hälfte der Banane und der Mandelmilch in einen Mixer geben und fein pürieren.

Das Proteinpulver und das Xylit (nach Geschmack) einrühren, in eine Schüssel füllen.

Die restliche Banane in Scheiben schneiden und auf der Bowl anrichten.

Die Mandelblättchen in einer Pfanne ohne Fett goldbraun rösten und darüberstreuen.

Zubereitungsdauer: 5–10 Minuten

SCHON GEWUSST? *Açaíbeeren-Püree gibt es gefroren in vielen Bio-Supermärkten. Die Açaíbeere ist die Frucht der Kohlpalme, die in den Amazonas-Regenwäldern wächst. Sie gilt als die Beere mit dem höchsten Gehalt an Antioxidanzien.*

MATCHA-PANCAKES

Nährwerte: 20,5 g Kohlenhydrate, 15,9 g Protein, 21,5 g Fett

ZUTATEN:

* 2 Eier
* 80 g Banane
* 2 TL Kokosmehl
* ½ TL Matcha-Teepulver
* ½ TL Weinsteinbackpulver
* 2 TL Kokosöl
* Etwas Matcha-Teepulver zum Bestäuben

ZUBEREITUNG:

Die Eier mit der Banane im Mixer pürieren.

Das Kokosmehl mit dem Matcha-Teepulver und dem Backpulver vermengen und in die Eimasse einrühren.

Das Kokosöl in einer Pfanne erhitzen. Den Pancakes-Teig in die Pfanne gießen und gleichmäßig verteilen. Lass den Teig so lange auf einer Seite garen, bis sich oben kleine Bläschen bilden und du siehst, dass der Teig fest wird. Dann dreh den Pancake mit einem Pfannenwender vorsichtig um und back ihn auf der anderen Seite noch etwa 1 Minute goldbraun. Verarbeite den restlichen Teig auf dieselbe Weise und halte die fertigen Pancakes in der Zwischenzeit schön warm.

Mit etwas Matcha-Teepulver bestäuben und anrichten.

Zubereitungsdauer: 10 Minuten

SCHON GEWUSST? *Matcha-Pulver besteht aus feinstvermahlenem, besonders behandeltem Grüntee, der Tee wird in der klassischen japanischen Teezeremonie getrunken und gilt als besondere Kostbarkeit – besonders interessant für uns sind die antioxidativ wirkenden Inhaltsstoffe wie Katechine (Flavonoide, sie gehören zu den sekundären Pflanzenstoffen).*

SCHNELLE SCHOKO-BANANEN-MUFFINS

Nährwerte: 20,4 g Kohlenhydrate, 16,3 g Protein, 20,8 g Fett

ZUTATEN:
* 15 g Kokosraspel (2 EL)
* 2 Eier
* 85 g Banane (1 kleine)
* 1 TL Kokosmehl
* ½ TL Weinsteinbackpulver
* 1 TL Kakaopulver

Zusätzlich:
* 3–4 Muffinförmchen

ZUBEREITUNG:

Den Backofen auf 175 °C Umluft (195 °C Ober-/Unterhitze) vorheizen.

Die Kokosraspel in eine Schüssel füllen, mit Wasser bedecken und 5 Minuten ziehen lassen.

Die Eier mit der Hälfte der Banane pürieren.

Das Kokosmehl mit dem Backpulver und dem Kakao vermischen und in den Teig einrühren. Den Teig auf die Muffinförmchen verteilen.

Die restliche Banane in Scheiben schneiden und gleichmäßig auf die Förmchen verteilen. Dabei die Fruchtstücke leicht in den Teig drücken.

Die Muffins 18–22 Minuten goldbraun backen.

Zubereitungsdauer: 20 Minuten

TASSENKUCHEN MIT FRISCHEN ERDBEEREN

Nährwerte: 19,9 g Kohlenhydrate, 15,0 g Protein, 19,5 g Fett

ZUTATEN:

* 2 Eier
* 10 g Kokosmehl
* 15 g Kokosraspel
* ½ TL Weinsteinbackpulver
* 1 Prise Ceylonzimt
* 250 g Erdbeeren
* 1 Stängel Minze, frisch (optional)
* Etwas Xylit-Puder zum Dekorieren

ZUBEREITUNG:

Den Backofen auf 175 °C Umluft (195 °C Ober-/Unterhitze) vorheizen.

Die Eier in einer Schüssel verquirlen.

Das Kokosmehl mit den Kokosraspeln, dem Backpulver und dem Zimt vermengen. Beides über die Eier sieben und einrühren.

Den Teig in eine ofenfeste Tasse geben und im vorgeheizten Ofen etwa 15 Minuten backen.

Währenddessen die Erdbeeren waschen, putzen und klein schneiden.

Einige Minzeblätter (falls verwendet) abzupfen und auf den Erdbeeren verteilen.

Die Erdbeeren auf einem Teller anrichten und den warmen, mit Xylit-Puder bestäubten Tassenkuchen dazu servieren.

Zubereitungsdauer: 5 Minuten

TIPP: *Ich bin kein Freund der Mikrowelle. Aber ich weiß auch, dass es manchmal sehr schnell gehen muss. Du kannst den Tassenkuchen dann einfach etwa 2 Minuten bei 900 Watt in der Mikrowelle garen.*

EAT CLEAN

MITTAGESSEN TO GO

Wetten, du hast mittags das schönste Gericht im Büro?
Denn die pinke Rote-Beten-Suppe, die Tomaten-Feta-Oliven-Spieße
und der Feigen-Pekannuss-Salat sind echte Hingucker. Genieße dein
Mittagessen to go aus Phase 3 wie immer warm oder kalt.

TOMATEN-FETA-OLIVEN-SPIESSE

Nährwerte: 39,7 g Kohlenhydrate, 32,2 g Protein, 38,9 g Fett

ZUTATEN:

- 200 g Salatgurke
- 100 g Cocktailtomaten
- 190 g rote Weintrauben
- 100 g Feta
- 100 g körniger Frischkäse, 20% Fett
- Schwarzer Pfeffer aus der Mühle
- Fleur de Sel
- Ein paar Schnittlauchhalme
- 35 g grüne Oliven, ohne Stein

Zusätzlich:
- Gemüseschneider oder Juliennereißer
- Schaschlikspieße

ZUBEREITUNG:

Die Salatgurke, die Cocktailtomaten und die Weintrauben waschen.

Den Feta in Würfel schneiden.

Den körnigen Frischkäse mit Pfeffer und Fleur de Sel würzen und verrühren. Den Schnittlauch in feine Röllchen schneiden und unter die Frischkäsemasse ziehen.

Die Salatgurke mit dem Gemüseschneider oder Juliennereißer in Streifen schneiden und mit dem Frischkäse-Dip anrichten.

Auf die Schaschlikspieße abwechselnd Cocktailtomaten, Feta-Würfel und Oliven stecken und die Spieße dekorativ mit auf dem Teller anordnen.

Als Abrundung dazu gibt es die roten Weintrauben.

Zubereitungsdauer: 10 Minuten

ASIATISCHE GEMÜSESUPPE

Nährwerte: 39,4 g Kohlenhydrate, 31,9 g Protein, 41,3 g Fett

ZUTATEN:

* 100 g Zuckerschoten
* 200 g Austernpilze
* 100 g Süßkartoffel
* 140 g Schweinebauch, in Scheiben
* 1 TL Kokosöl (5 g)
* 300 ml Gemüsefond
* 1 EL Coconut Aminos (optional)
* Himalajasalz
* 1 Prise Cayennepfeffer
* 1 Prise Chiliflocken
* Ein paar Stängel Koriander, frisch

ZUBEREITUNG:

Zuckerschoten und Austernpilze waschen, die Süßkartoffel schälen.

Die Enden der Zuckerschoten kappen und die Schoten der Länge nach in feine Streifen schneiden.

Die Austernpilze ebenfalls in dünne Streifen schneiden. Die Süßkartoffel fein raspeln.

Eine Pfanne erhitzen und die Schweinebauchscheiben darin von beiden Seiten knusprig anbraten.

Einen Teller mit Küchenkrepp belegen und den knusprigen Schweinebauch darauf abtropfen lassen.

Das ausgelassene Fett in der Pfanne behalten, das Kokosöl hinzugeben und die geraspelten Süßkartoffeln und die Austernpilze darin andünsten. Unter Wenden so lange garen, bis die Austernpilze zusammenfallen und nur noch etwa die Hälfte ihres Volumens haben.

Nun den Gemüsefond angießen und die Zuckerschoten dazugeben. Die Suppe einmal kurz aufkochen lassen. Nach Belieben mit Coconut Aminos, Himalajasalz, Cayennepfeffer und Chiliflocken abschmecken.

Die Scheiben vom krossen Schweinebauch grob in Stücke brechen und auf der Suppe anrichten.

Den Koriander fein hacken und über die Suppe streuen.

Zubereitungsdauer: 20 Minuten

GO ASIA

PINKE ROTE-BETEN-SUPPE MIT KOKOSJOGHURT

Nährwerte: 39,9 g Kohlenhydrate, 31,9 g Protein, 39,2 g Fett

ZUTATEN:

* 400 g Rote-Beten-Knollen (geschält und vorgegart)
* 30 g rote Zwiebel
* 1 Knoblauchzehe
* 5 TL Olivenöl (25 g)
* 500 ml Gemüsebrühe
* 8 TL veganes Proteinpulver (40 g) (z. B. Sonnenblumenkernprotein)
* Meersalz
* Schwarzer Pfeffer aus der Mühle
* Ein paar Stängel Petersilie, frisch
* 10 TL Kokosjoghurt (50 g)

ZUBEREITUNG:

Die Rote Beten abwaschen und in feine Würfel mit etwa 1 Zentimeter Kantenlänge schneiden. Vorsicht beim Hantieren mit den leckeren Knollen, der Saft färbt wie Hölle!

Die Zwiebel und den Knoblauch abziehen und beides fein hacken.

Das Olivenöl in einem Topf erhitzen und Zwiebel und Knoblauch darin anbraten, bis sie glasig sind. Auf die Temperatur achten, damit der Knoblauch nicht zu stark anbräunt, er wird sonst bitter.

Die Rote-Beten-Würfel dazugeben und im Öl durchschwenken. Das Gemüse mit der Gemüsebrühe bedecken und 10 Minuten köcheln lassen. Anschließend mit dem Stabmixer fein pürieren. Das vegane Proteinpulver einrühren und mit Salz und Pfeffer abschmecken.

Die Petersilie fein hacken.

Die Suppe in eine Suppenschüssel oder einen großen Suppenteller füllen und mit Kokosjoghurt und frisch gehackter Petersilie anrichten.

Zubereitungsdauer: 20 Minuten

SCHON GEWUSST? *Um auch mit veganen Gerichten auf die nötige Proteinmenge für eine gute Sättigung zu kommen, arbeite ich gerne mit natürlichen Proteinpulvern aus Sonnenblumenkernen, Kürbiskernen oder Leinsamen. Diese Proteinpulver werden bei der Ölherstellung gewonnen: Nach dem Auspressen der Kerne oder Samen bleibt ein sehr trockener „Presskuchen" übrig. Er ist fettarm, kohlenhydratarm und proteinreich und kann fein vermahlen werden. Früher wurde er oft weggeworfen. Heute nutzt man dieses hochwertige „Nebenprodukt" zur Erzeugung natürlicher Proteinpulver.*

ROTE-BETEN-SALAT MIT WALNÜSSEN

Nährwerte: 12 g Kohlenhydrate, 31,9 g Protein, 51,6 g Fett

ZUTATEN:

* 400 g Rote-Beten-Knollen, geschält und vorgegart
* 30 g Frühlingszwiebel (2 dünne)
* 3 TL Olivenöl
* Meersalz
* Schwarzer Pfeffer aus der Mühle
* 3–4 EL Walnüsse (30 g)
* 7 TL veganes Proteinpulver (35 g) (z. B. Kürbiskernprotein)
* 1 TL Kakaopulver
* Xylit (Birkenzucker) (optional)

ZUBEREITUNG:

Die Roten Beten in grobe Würfel schneiden. Beim Hantieren mit Roten Beten vorsichtig sein, sie färben alles & kräftig, die Flecken bekommst du aus Textilien nicht mehr heraus!

Die Frühlingszwiebeln waschen, putzen und in Röllchen schneiden.

In einer Schüssel Rote-Beten-Würfel, Frühlingszwiebeln und Olivenöl vermengen. Den Salat mit Salz und Pfeffer würzen.

Die Walnüsse grob in Stücke brechen und über den Salat streuen.

Als Proteinquelle rührst du dir einen Proteinpudding an: Dazu bedeckst du das Proteinpulver mit Wasser und lässt es 5 Minuten quellen. Dann rührst du 1 TL Kakaopulver ein und süßt deinen Pudding mit etwas Xylit.

Zubereitungsdauer: 20 Minuten

HERINGSSALAT MIT GRÜNEM APFEL

Nährwerte: 39,8 g Kohlenhydrate, 32,5 g Protein, 40,0 g Fett

ZUTATEN:

* 160 g eingelegtes Heringsfilet
* 250 g grüner Apfel (1 mittlerer bis großer)
* 80 g Feldsalat
* 30 g Cornichons
* 7 TL Sahne (35 ml)
* Meersalz
* Schwarzer Pfeffer aus der Mühle

ZUBEREITUNG:

Das Heringsfilet in Würfel schneiden.

Den Apfel waschen und fein raspeln.

Den Feldsalat waschen und abtropfen lassen.

Die Cornichons in feine Scheiben schneiden.

In einer Schüssel den gewürfelten Hering, den geraspelten Apfel und die Cornichons mit der Sahne vermengen.

Den Heringssalat mit Salz und Pfeffer abschmecken, dann mit dem Feldsalat anrichten.

Zubereitungsdauer: 10 Minuten

FEIGEN-PEKANNUSS-SALAT
MIT GERÄUCHERTER PUTENBRUST

Nährwerte: 39,5 g Kohlenhydrate, 32,0 g Protein, 36,6 g Fett

ZUTATEN:

* 80 g Kopfsalat
* 285 g Feigen (4–5 Stück)
* 20 g Pekannüsse
* 130 g Puten- *oder* Entenbrust, geräuchert und fein aufgeschnitten
* 1 TL Olivenöl
* 2 TL Apfelessig
* Fleur de Sel

ZUBEREITUNG:

Den Kopfsalat und die Feigen waschen. Den Salat trocken schleudern und die Blätter auf einen Teller legen. Die Feigen achteln. Die Pekannüsse grob hacken.

Die Puten- oder Entenbrustscheiben zu Röllchen drehen und zusammen mit den Feigen und den Pekannüssen auf dem Salat anrichten. Mit Olivenöl und Apfelessig beträufeln und mit Fleur de Sel abschmecken.

Zubereitungsdauer: 10 Minuten

FELDSALAT MIT SÜSSKARTOFFELN
UND JOGHURT-DRESSING

Nährwerte: 39,5 g Kohlenhydrate, 32,0 g Protein, 36,6 g Fett

ZUTATEN:

* 4 Eier
* 80 g Feldsalat
* Ein paar Schnittlauchhalme, frisch
* 150 g Süßkartoffel
* 1 EL Butterschmalz (15 g)
* 2 EL griechischer Joghurt
* 1 EL Apfelessig
* Meersalz
* Schwarzer Pfeffer aus der Mühle

ZUBEREITUNG:

Die Eier in 10 Minuten hart kochen. Kalt abschrecken. Den Feldsalat waschen und putzen. Schnittlauch in Röllchen schneiden. Die Süßkartoffel schälen und in dünne Scheiben schneiden. Sehr große Scheiben halbieren oder vierteln.

Das Butterschmalz in einer Pfanne erhitzen. Die Süßkartoffelscheiben darin von beiden Seiten goldbraun braten.

Den Joghurt mit dem Apfelessig, etwas Salz und Pfeffer verrühren. Die Schnittlauchröllchen unterheben.

Den Feldsalat auf einen Teller legen. Die Eier schälen, vierteln und mit den gebratenen Süßkartoffelscheiben auf dem Salat anrichten. Mit dem Joghurt-Dressing beträufelt servieren.

Zubereitungsdauer: 20 Minuten

EAT CLEAN

DAS ABENDESSEN

Wer kann bei Kürbis-Tagliatelle, Halloumi-Burger und Ceviche mit feiner Zitrusnote Nein sagen? Phase 3 kombiniert etwas mehr Kohlenhydrate mit der nötigen Menge Protein und gutem Fett – für guten Schlaf und gute Fettverbrennung. Alles wie immer blitzschnell zuzubereiten.

CHAMPIGNON-MARONENSUPPE

Nährwerte: 39,3 g Kohlenhydrate, 32,6 g Protein, 39,3 g Fett

ZUTATEN:

* 200 g Champignons
* 90 g Maronen, gegart
* 45 g Macadamianüsse
* 200 ml Gemüsefond
* 2 EL veganes Proteinpulver
* Meersalz
* Schwarzer Pfeffer aus der Mühle
* Ein paar Stängel Petersilie

ZUBEREITUNG:

Die Champignons putzen und klein schneiden.

Maronen, Champignons und Macadamianüsse in einen Topf geben und mit dem Gemüsefond bedecken. 15 Minuten weich kochen.

Die Suppe mit dem Stabmixer pürieren und das Proteinpulver einrühren. Mit Salz und Pfeffer abschmecken.

Die Petersilie fein hacken.

Die Suppe in einem tiefen Teller oder einer Schüssel anrichten und mit der gehackten Petersilie garnieren.

Zubereitungsdauer: 20 Minuten

TIPP: *Im Winter bekommst du an vielen Marktständen frisch gegarte Maronen. Im übrigen Jahr gibt es in einigen Supermärkten gegarte Maronen in Bio-Qualität, du findest sie meist im Nuss-Regal.*

AUBERGINEN-HALLOUMI-BURGER

Nährwerte: 39,4 g Kohlenhydrate, 31,9 g Protein, 41,3 g Fett

ZUTATEN:

* 200 g Aubergine
* Feines Meersalz
* 140 g Süßkartoffel
* 100 g Halloumi (zyprischer Grillkäse)
* 2 TL Butterschmalz (10 g)
* Fleur de Sel
* Paprikapulver, scharf
* 1 TL Pesto rosso
* Etwas frisches Basilikum, fein gehackt, zum Garnieren

ZUBEREITUNG:

Die Aubergine waschen und in etwa 1 Zentimeter dicke Scheiben schneiden. Auf beiden Seiten salzen.

Die Süßkartoffel schälen und in Stifte schneiden (wie Pommes).

Den Halloumi längs halbieren und je nach Größe noch mal quer durchschneiden, sodass ein Stück Käse perfekt zwischen zwei Auberginenscheiben passt.

Am schnellsten gelingt dieses Gericht auf dem Grill oder in einem Kontaktgrill: Dazu legst du die Auberginenscheiben und den Halloumi kurz auf den Grill (oder in den Kontaktgrill) und grillst sie auf jeder Seite etwa 2 Minuten, bis sich ein schönes Grillmuster abzeichnet und die Aubergine merkbar weich wird.

Währenddessen das Butterschmalz in der Pfanne erhitzen und die Süßkartoffelstifte darin etwa 6 Minuten goldbraun braten. Dabei regelmäßig wenden. Die Süßkartoffel-Pommes sind gar, wenn sie sich mit einer Gabel leicht zerteilen lassen. Mit Fleur de Sel und Paprikapulver würzen.

Für die Burger eine Auberginenscheibe mit etwas Pesto rosso bestreichen, ein Stück Halloumi darauflegen, dieses auch mit etwas Pesto bestreichen und dann eine zweite Auberginenscheibe darauflegen.

Die Auberginen-Halloumi-Burger mit dem gehackten Basilikum bestreuen und mit den Süßkartoffel-Pommes servieren.

Zubereitungsdauer: 20 Minuten

TIPP: *Wenn du die Auberginenscheiben und den Halloumi in einer Pfanne braten möchtest, verwende nur 5 g (die Hälfte) des Butterschmalzes hierfür und die anderen 5 g noch für die Süßkartoffel-Pommes.*

KÜRBIS-TAGLIATELLE MIT PINIENKERNEN UND PARMESAN

Nährwerte: 40,1 g Kohlenhydrate, 32,3 g Protein, 38,6 g Fett

ZUTATEN:
* 460 g Butternut-Kürbis
* 2 TL Butter (10 g)
* 3 Salbeiblätter
* 100 ml Wasser
* 3 TL Pinienkerne (20 g)
* 65 g Parmesan, fein gerieben
* Fleur de Sel
* Cayennepfeffer

Optional:
* Spiralschneider

ZUBEREITUNG:
Den Butternut-Kürbis mit einem Sparschäler schälen. Dann das Kürbisfruchtfleisch mit dem Sparschäler oder einem Spiralschneider in lange Tagliatelle schneiden.

Die Butter in einem Topf erhitzen und die Salbeiblätter kurz darin schwenken. Die Pfanne darf nicht zu heiß sein, damit die Butter nicht braun wird.

Die Kürbis-Tagliatelle in den Topf geben und in der Butter durchschwenken. Das Wasser angießen und die Kürbis-Tagliatelle darin dünsten. Immer wieder vorsichtig wenden, damit alle Tagliatelle Hitze abbekommen, aber nicht zerreißen. Bei Bedarf noch etwas Wasser angießen, damit der Topfboden immer etwa 1 Zentimeter hoch bedeckt ist.

Während die Tagliatelle dünsten, bis sie zart sind, die Pinienkerne in einer Pfanne ohne Öl bei mittlerer Hitze anrösten. Die Pinienkerne in der Pfanne so lange wenden, bis sie goldbraun sind und aromatisch duften.

Wenn die Kürbis-Tagliatelle nach etwa 10 Minuten zart sind, den geriebenen Parmesan unterheben und schmelzen lassen. Die Pasta mit Fleur de Sel und Cayennepfeffer abschmecken, auf einem großen Pasta-Teller anrichten und mit den Pinienkernen garnieren.

Zubereitungsdauer: 25 Minuten

TIPP: *Wer wünscht sich nicht ab und an einen Riesenteller feine Pasta? Genau für diese Gelüste ist der große Teller Kürbis-Pasta gedacht. Wenn dir die Menge von Butternut-Kürbis aber zu viel ist, kannst du stattdessen Hokkaido-Kürbis verwenden. Er enthält allerdings etwas mehr Kohlenhydrate, darum benötigst du vom Hokkaido nur 300 g für dieses Gericht. Du kannst ihn mitsamt seiner Schale verarbeiten.*

CEVICHE AUF MANGO-AVOCADO-BOWL

Nährwerte: 39,4 g Kohlenhydrate, 31,9 g Protein, 41,3 g Fett

ZUTATEN:

* 1 Schalotte
* 120 g Goldbarschfilet, frisch
* 4 TL Limettensaft
* 300 g Mango (1 Stück)
* 130 g Avocado (1 kleine bis mittlere Frucht)
* Ein paar Stängel Koriander, frisch
* Chiliflocken
* Meersalz

ZUBEREITUNG:

Die Schalotte abziehen und fein hacken.

Das Goldbarschfilet abspülen, mit Küchenkrepp abtupfen und in kleine Würfel schneiden. Die Fischwürfel mit der gehackten Schalotte und dem Limettensaft in einer Schüssel vermengen. Der Fisch wird durch den Limettensaft matt, das Eiweiß „gart".

Die Mango am Kern entlang längs halbieren. Das Fruchtfleisch kreuzweise einschneiden und die Würfel mit einem Messer von der Haut lösen. Hierbei hilft es, die Mango-Hälfte vorher „umzustülpen", damit die Würfel nach außen ragen. Drück dazu mit der Hand von der Hautseite her in die dickste Stelle der Mango und zieh mit der anderen Hand gleichzeitig den äußeren Rand zurück.

Die Avocado halbieren und das Fruchtfleisch mit einem Löffel herauslösen, dann würfeln.

Die Korianderblätter fein hacken.

Mango- und Avocadowürfel vermengen. Den Fisch darauf anrichten. Das Gericht mit gehacktem Koriander und Chiliflocken garnieren. Mit Meersalz abschmecken.

Zubereitungsdauer: 20 Minuten

TIPP: *Ceviche ist ein südamerikanisches Gericht aus frischem rohem Fisch. Statt Goldbarsch kannst du auch anderen weißen Fisch verwenden. Auch Lachs ist eine feine Wahl. Wenn du zu Lachs greifst, reduziere aber die Avocadomenge auf 100 Gramm, da Lachs mehr Fett enthält als die mageren weißen Fischarten.*

BLUMENKOHL-AUBERGINEN-PFANNE

Nährwerte: 40,0 g Kohlenhydrate, 31,5 g Protein, 39,2 g Fett

ZUTATEN:

* 250 g Blumenkohl
* 100 g Aubergine
* 40 g Datteln, frisch, entkernt (6 Stück)
* 7 TL veganes Proteinpulver (35 g)
* 3 TL Kokosöl (15 g)
* ½ TL mildes Currypulver
* 4 EL Kokosmilch (60 ml)
* Meersalz
* Schwarzer Pfeffer aus der Mühle

ZUBEREITUNG:

Den Blumenkohl in kleine Röschen teilen und die Aubergine fein würfeln.

Die Datteln in den Mixer geben, mit Wasser bedecken und pürieren. Das vegane Proteinpulver einrühren. Bei Bedarf noch etwas Wasser hinzufügen, sodass eine glatte Masse entsteht. Diesen Proteinpudding kalt stellen.

Das Kokosöl in einer Pfanne erhitzen, die Blumenkohlröschen und die Auberginenwürfel darin andünsten. Das Currypulver hinzugeben und mit anschwitzen.

Das Gemüse etwa 5 Minuten unter Rühren weich dünsten. Dann die Kokosmilch angießen. Das Gericht mit Salz und Pfeffer würzen und nach Belieben noch mit etwas Currypulver abschmecken. Auf einem Teller anrichten.

Den Proteinpudding als Dessert reichen.

Zubereitungsdauer: 20 Minuten

PAD THAI MIT SÜSSKARTOFFEL-PASTA UND PUTE

Nährwerte: 40,4 g Kohlenhydrate, 32,2 g Protein, 37,6 g Fett

ZUTATEN:

* 165 g Süßkartoffel
* 100 g Hähnchenbrust
* 4 TL Kokosöl
* Himalajasalz
* Chiliflocken
* 1 Ei
* Ein paar Stängel Koriander, frisch
* 2 EL Macadamianüsse (15 g)

Optional:
* Spiralschneider oder Sparschäler

ZUBEREITUNG:

Die Süßkartoffel schälen und mit einem Sparschäler oder Spiralschneider in „Tagliatelle" schneiden.

Das Hähnchenfleisch in Streifen schneiden.

Die Hälfte des Kokosöls in einer Pfanne erhitzen und die Süßkartoffel-Tagliatelle darin andünsten. Etwa 5 Minuten weich garen.

Die Süßkartoffel-Pasta aus der Pfanne nehmen und auf einem Teller zur Seite stellen.

Das restliche Kokosöl in der Pfanne erhitzen und das Hähnchenfleisch darin rundherum goldbraun braten und durchgaren.

Die Süßkartoffel-Tagliatelle zurück in die Pfanne geben und mit dem Huhn vermengen.

Das Gericht mit Salz und Chili würzen.

Das Ei aufschlagen und in die Pfanne gleiten lassen. Alles durchmischen und das Ei stocken lassen.

Den Koriander fein hacken. Auch die Macadamianüsse hacken.

Das Pad Thai auf einem Teller anrichten und mit dem gehackten Koriander und den Macadamianuss-Stückchen garnieren.

Zubereitungsdauer: 15 Minuten

RINDFLEISCHSPIESSE MIT SÜSSKARTOFFEL-DIP UND FELDSALAT

Nährwerte: 39,8 g Kohlenhydrate, 31,8 g Protein, 41,0 g Fett

ZUTATEN:

* 150 g Süßkartoffel
* 1 gehäufter EL Cashewkerne (20 g)
* 110 g Rindersteak
* Meersalz
* Schwarzer Pfeffer aus der Mühle
* 2 TL Butterschmalz (10 g)
* 1 Prise Paprikapulver, edelsüß
* 1 Prise Kreuzkümmel (Cumin)
* 60 g Feldsalat
* 2 TL Apfelessig
* 2 TL Olivenöl (10 g)

Zusätzlich:
* 4 Schaschlikspieße

ZUBEREITUNG:

Die Süßkartoffel schälen und in kleine Würfel schneiden, am besten mit 0,5 Zentimeter Kantenlänge. Die Süßkartoffelwürfel zusammen mit den Cashewkernen in einen kleinen Topf geben und mit Wasser bedecken. Zum Kochen bringen und 10 Minuten köcheln lassen. (Falls deine Kartoffelwürfel größer sind, müssen sie etwas länger kochen. Am Ende sollen sie komplett weich sein).

Das Rindersteak in Würfel schneiden und die Würfel auf Schaschlikspieße stecken. Das Fleisch mit Salz und Pfeffer würzen.

Das Butterschmalz in einer Pfanne erhitzen und die Spieße darin auf allen Seiten etwa 5 Minuten braten.

Währenddessen das Wasser aus dem Topf mit den Süßkartoffeln abgießen. Die Cashewkerne mit den Süßkartoffelwürfeln in einem Mixer fein pürieren und den Dip mit Salz, Pfeffer sowie je 1 Prise Paprikapulver und Kreuzkümmel würzen.

Den Feldsalat waschen, trocken schleudern und mit Apfelessig, Olivenöl, Salz und Pfeffer anmachen.

Die Rindfleischspieße mit dem Süßkartoffel-Dip und dem Feldsalat anrichten und servieren.

Zubereitungsdauer: 25 Minuten

REZEPTE

DESSERT

QUARKCREME MIT QUITTENMUS

Geeignet für Phase: 3 (mit Beeren statt der Quitten auch für die Phasen 1 und 2)
Nährwerte: 17,4 g Kohlenhydrate, 12,3 g Protein, 30,8 g Fett

ZUTATEN:

* 100 g Quitte (1 Frucht)
* 1 EL Xylit (Birkenzucker) (für das Quittenmus)
* 1+1 Prise Ceylonzimt, gemahlen
* 80 ml Sahne
* 125 g Quark, Halbfettstufe
* 1 EL Xylit (Birkenzucker) (optional) (für die Creme)
* 1 Stängel frische Minze, als Dekoration

ZUBEREITUNG:

Die Quitte heiß waschen und schälen. Die Frucht vierteln und das Kerngehäuse entfernen. Die Quitte sehr fein würfeln, damit sie sehr rasch durchgart.

Die Quittenwürfel zusammen mit dem Xylit und einer Prise Zimt in einen Topf geben und mit Wasser bedecken. Aufkochen und 15 Minuten köcheln lassen.

Anschließend das Wasser abgießen und die Früchte pürieren. Dann kurz im Kühlschrank abkühlen lassen.

Die Sahne mit dem Handrührgerät in einem hohen Gefäß (Mixbecher) steif schlagen.

Den Quark nach Geschmack mit Xylit süßen, die Sahne unterheben.

Abwechselnd Quarkcreme und Quittenmus in ein hohes Glas schichten. Etwas Zimt darüberstäuben und mit Minzestängel dekorieren.

Zubereitungsdauer: 25 Minuten

LUFTIGE KOKOSCREME MIT ERDBEERSAUCE

Geeignet für Phase: 2/3
Nährwerte: 11,8 g Kohlenhydrate, 4,6 g Protein, 35,5 g Fett

ZUTATEN:
* 100 g Kokoscreme
* 1 EL Xylit (Birkenzucker)
* 125 g Erdbeeren
* Ein paar Minzeblättchen, frisch
* Extra Xylit-Puder zum Darüberstäuben

ZUBEREITUNG:
Eine Dose Bio-Kokosmilch tags zuvor in den Kühlschrank stellen. Die Dose öffnen und die feste Kokoscreme mit einem Löffel herausheben. 100 g von dieser Creme mit dem Xylit in eine Schüssel geben und mit einem Handrührgerät 5 Minuten lang aufschlagen. Erst auf kleiner Stufe, zuletzt auf höchster Stufe, bis sie eine sahnige Konsistenz angenommen hat.

Die Erdbeeren (bis auf eine für die Deko) pürieren. In einer Dessertschale das Püree so unter die Kokoscreme ziehen, dass eine Marmorstruktur entsteht. Die zurückbehaltene Erdbeere halbieren und mit der frischen Minze auf der Creme anrichten.

Zubereitungsdauer: 10 Minuten

QUARK-NOCKEN MIT HEISSEN HIMBEEREN

Geeignet für Phase: 2/3
Nährwerte: 14,1 g Kohlenhydrate, 15,5 g Protein, 21,7 g Fett

ZUTATEN:
* 150 g Quark, Halbfettstufe
* 1 Ei
* 2 TL Kokosmehl (10 g)
* 1 Prise Bourbon-Vanille, gemahlen
* 1 TL Xylit (Birkenzucker)
* 100 g Himbeeren, frisch oder TK-Ware
* Wasser
* Extra-Xylit-Puder zum Darüberstäuben (optional)

ZUBEREITUNG:
In einem Topf Wasser zum Kochen bringen.

Den Quark in einem sauberen Geschirrtuch gründlich ausdrücken. Er darf nicht zu viel Flüssigkeit enthalten, damit die Nocken später nicht zerfallen. Anschließend mit dem Ei, dem Kokosmehl, der Prise gemahlener Vanille und dem Xylit vermengen.

Die Himbeeren in einem zweiten Topf mit wenig Wasser erhitzen und bei mittlerer Hitze dünsten, bis sie zerfallen.

Währenddessen mit zwei nassen Löffeln aus der Quarkmasse Nocken formen und in das kochende Wasser gleiten lassen. Etwa 3 Minuten ziehen lassen, bis sie an die Oberfläche steigen.

Die Nocken mit den heißen Himbeeren servieren und nach Geschmack noch mit etwas Xylit-Puder bestäuben.

Zubereitungsdauer: 10 Minuten

SCHOKOFRÜCHTE MIT KNUSPRIGEM BACON ODER KOKOSRASPELN

Geeignet für Phase: 1 / 2 / 3
Nährwerte maximal: 22 g Kohlenhydrate, 8,7 g Protein, 26,4 g Fett

ZUTATEN:

* 50 g Low-Carb-Schokolade (mit Xylit) *oder* 50 g Bitterschokolade (85 % Kakaoanteil oder mehr)
* 2 Scheiben Bacon (etwa 18 g) *oder* 3 EL Kokosraspel (15 g) (wahlweise)
* 50 g Erdbeeren
* 50 g Pfirsich (nur in Phase 2/3)
* 50 g Banane (nur in Phase 3)

Zusätzlich:
* Schaschlikspieße

ZUBEREITUNG:

Die Schokolade im Wasserbad schmelzen lassen.

Den Bacon (falls verwendet) in einer Pfanne ohne Fett auf beiden Seiten knusprig anbraten. Den Bacon herausnehmen und auf Küchenkrepp abtropfen lassen.

Die Erdbeeren und den Pfirsich waschen, die Banane schälen (falls verwendet). Die Erdbeeren halbieren, den Pfirsich in Spalten und die Banane in Scheiben schneiden (falls verwendet).

Die Früchte auf Schaschlikspieße stecken und auf ein Stück Backpapier legen. Die Schokolade mit einem Löffel auf den Früchten verteilen.

Den Bacon in kleine Stücke brechen und über die noch feuchte Schokolade streuen. Für die süße Variante Kokosraspel über die Schokofrüchte streuen.

Kurz abkühlen lassen, damit die Schokolade knackig wird. Das gelingt besonders schnell, wenn du die Früchte ein paar Minuten lang ins Gefrierfach legst.

Zubereitungsdauer: 20 Minuten (plus evtl. Kühlzeit)

TIPP: *Für dieses Rezept sind insgesamt 150 g Obst eingeplant. Falls dir das lieber ist, kannst du auch bei einer Sorte bleiben. Wenn du nur Erdbeeren verwendest, ist das Rezept für Phase 1 geeignet. Wenn du Pfirsich und Erdbeeren oder Pfirsich allein wählst, ist das Rezept für Phase 2 geeignet, sobald Banane dabei ist, nur für Phase 3.*

UND NOCH EIN TIPP: *Dieses Rezept eignet sich auch wunderbar für ein geselliges Schokofondue: Einfach die geschmolzene Schokolade auf einem Stövchen warm halten und immer nur ein Stückchen Obst auf ein Fonduespießchen stecken und in die Schokolade tunken.*

SCHNELLER CHEESECAKE MIT BLAUBEEREN

Geeignet für Phase: 1 / 2 / 3
Nährwerte: 8,0 g Kohlenhydrate, 15,2 g Protein, 36,4 g Fett

ZUTATEN:

* 1 Ei
* 125 g Frischkäse, Doppelrahmstufe
* 2 TL Xylit (Birkenzucker)
* 50 g Blaubeeren
* Extra Xylit-Puder zum Darüberstäuben

Zusätzlich:
* 6 kleine Auflaufförmchen

ZUBEREITUNG:

Den Backofen auf 175 °C Umluft (195 °C Ober-/Unterhitze) vorheizen.

Das Ei mit dem Frischkäse und dem Xylit glatt rühren. Die Blaubeeren unterheben.

Die Masse in die Auflaufförmchen füllen – sie sollten maximal 2 Zentimeter hoch befüllt sein, damit die Garzeit nicht zu lang wird.

Die Auflaufförmchen für 20–25 Minuten in den Ofen stellen, bis die Masse merkbar fest und an der Oberfläche leicht goldbraun geworden ist.

Den Cheesecake mit etwas Xylit-Puder bestäuben und noch warm genießen.

Zubereitungsdauer: 30 Minuten

ERFRISCHENDER EISTEE UND SPRITZIGE LIMONADE

Geeignet für Phase: 1 / 2 / 3
Nährwerte: 4,6 g Kohlenhydrate, 0,1 g Protein, 0,5 g Fett

ZUTATEN:
* 1 Zitrone *oder* 1 Limette
* 2 TL Xylit (10 g) (Birkenzucker)
* 300 ml Wasser mit Kohlensäure *oder* 300 ml kalter Tee (grün, schwarz, Mate- oder Kräutertee)
* Eiswürfel

ZUBEREITUNG:
Die Zitrone oder die Limette auspressen.

Den Saft in einem Topf mit dem Xylit mischen und kurz erhitzen, bis sich das Xylit aufgelöst hat.

Diesen Sirup in ein Glas füllen.

Für eine Limonade mit spritzigem Mineralwasser aufgießen. Für einen Eistee mit kaltem Tee aufgießen.

In ein Glas mit Eiswürfeln füllen und genießen.

Zubereitungsdauer: 10 Minuten

EISSCHOKOLADE UND EISKAFFEE

Geeignet für Phase: 1 / 2 / 3
Nährwerte: 3,2 g Kohlenhydrate, 2,4 g Protein, 30 g Fett

ZUTATEN:
* 100 ml Sahne
* 200 ml kalter Kaffee *oder* 200 ml Wasser und 2 TL Kakaopulver
* 2 TL Xylit (Birkenzucker) (optional)
* Eiswürfel
* Kakaopulver, zum Bestäuben

ZUBEREITUNG:
Die Sahne mit einem Handrührgerät steif schlagen.

Für einen Eiskaffee den kalten Kaffee optional mit Xylit süßen und mit der Hälfte der Sahne verrühren.

Für eine Eisschokolade das Wasser mit dem Kakaopulver und dem Xylit vermischen. Die Hälfte der Sahne einrühren.

Ein hohes Glas mit Eiswürfeln füllen und das jeweilige Getränk hineingießen. Mit der restlichen steif geschlagenen Sahne toppen. Kakaopulver darüberstäuben und mit einem Strohhalm servieren.

Zubereitungsdauer: 10 Minuten

Bezugsquellen

Gemüse ...

findest du in jedem Supermarkt. Allerdings ist das Angebot oft nicht sehr breit und man findet immer dieselben Sorten. Wenn du Freude daran hast, neue Gemüsesorten zu entdecken, abonniere zum Beispiel eine Bio-Kiste. Dort bekommst du im Abo saisonales und regionales Gemüse.

www.oekokiste.de
www.etepetete-bio.de

Viele exotischere Gemüsesorten wie Maniok, Pak Choi oder Kochbanane findest du in Asialäden. Dort sind diese Sorten oft auch wesentlich günstiger als im deutschen Supermarkt.

Fleisch ...

Fleisch solltest du auf jeden Fall bei einem Metzger kaufen. Gutes Rindfleisch aus Weidehaltung ist im Supermarkt-Regal selten. Zudem ist es in viel Plastik eingeschweißt. Leider werden Metzger vor Ort immer seltener. Eine Alternative sind Metzgereien, die Weiderindfleisch online verkaufen. Oft arbeiten diese nach Prinzip „nose to tail" – soll heißen: Nicht nur das beliebte Filet oder Steak werden verkauft, sondern auch unbekanntere Stücke vom Rind, die man im Supermarkt kaum findet.

www.besserfleisch.de
www.kaufnekuh.de
www.kaufeinschwein.de
www.kaufnegans.de

Kokosjoghurt ...

gibt es vor allem im Bio-Markt, mittlerweile aber auch in einigen konventionellen Supermärkten. Kokosjoghurt ist komplett aus Kokosmilch hergestellt. Bitte greife nicht zu einer Soja-Kokos-Mischung. Gute Marken sind Harvest Moon, The Coconut Collaborative und Coyo.

Kokosmehl ...

bekommst du im Drogeriemarkt oder Bio-Handel ebenso wie Online. Verbreitete Marken sind Dr. Goerg, Amanprana und Tropicai.

Proteinpulver...

sollten immer ohne Aromen und Süßstoffe sein. Ich empfehle Molkenproteinpulver (auch Whey genannt) und Collagen – beides aus Weidehaltung – oder vegane Proteinpulver ohne Soja.

www.flowgrade.de (vertreibt auch MCT-Öl, auch auf www.foodpunk.de/shop erhältlich)

www.primal-state.de (vertreibt auch MCT-Öl, auch auf www.foodpunk.de/shop erhältlich)

www.protero.de

www.purya.de (auch auf www.foodpunk.de/shop erhältlich)

Stichwortregister

Abnehmen 11 ff.
Alkohol 40
Aminosäuren 13, 17, 20 ff.
Avocado 26

Ballaststoffe 14, 23, 39
Baukastensystem 28 ff.
Birkenzucker (Xylit) 26
BMI 34

Cholecystokinin 17 ff.

Desserts 144 ff.
Diät 6, 11, 17

Eier 24
Einfachzucker 12
Enzyme 12 f.
Ernährungs-No-Gos 26 f.
Ernährungsplan 38
Ernährungstagebuch 30
Ernährungsumstellung, langfristige 6, 30 f.
Erythrit 26
Evolution 12

Fahrplan, typgerechter 38
Fette 18, 25
Fettquellen 25
Fettreserven 15
Fettsäuren 24 ff.,
Fettstoffwechseltraining 29
Fettverbrennung 13 f., 29
Fisch 24
Fitness 11
Fleisch 24

Geflügel 24
Gehirn 15 f., 29
Gemüse 14, 23
Gemüse, stärkehaltiges 23
Getränke 26
Getreide 26
Gewürze 26
Ghrelin 17

Glukagon 14 f.
Glukose 12
Gluten 25

Haut 21
Hormone 11 f., 17 f.
Hülsenfrüchte 26
Hunger 6, 11 ff., 29

Insulin 12 f.

Jo-Jo-Effekt 11, 25, 39

Kaffee 26
Kalorien 18 f.
Ketogene Ernährung 29
Ketonkörper 29
Kohlenhydratarm essen 23
Kohlenhydrate 11 f., 23
Kohlenhydratquellen 23

Lebensmittel, gesunde 18 ff.
Leptin 15
Leptinresistenz 16

Magendehnung 17
Magnesium 21
Mahlzeiten 13 f.
Makronährstoffe 15
MCT-.l 25
Meeresfrüchte 24
Mikronährstoffe 18, 23
Milch 24
Milchprodukte 24 f.
Mineralstoffe 17

Nährstoffe 14 ff.
Nüsse 26

Obst 23
Öle 25
Omega-3-Fettsäuren 16, 34
Omega-6-Fettsäuren 24 f.

Phase 1 14, 29, 31, 44 ff.
Phase 2 14, 32, 80 ff.
Phase 3 14, 33, 112 ff.
Phasen der Challenge 27 ff.
Proteine 11, 25
Proteinquellen 23 f.

Salz 29
Samen 25, 26
Sättigung 17 ff.
Serotonin 20
Soja 25
Sport 31, 32, 33
Stoffwechsel 11 ff., 15 ff.
Süßungsmittel 26

Tee 21, 26
Trinken 26
Typen-Test 34 ff.

Vegane Proteinquellen 25
Vegan 43
Vegetarier 24, 43
Vitamine 17

Wasser 26

Zucker 11 f., 26
Zuckeralkohole 26
Zuckeralternativen 26

Rezeptregister

Açaibeeren-Bowl 116
Asiatische Gemüse-
  suppe 124
Auberginen-Halloumi-
  Burger 134
Auberginen-Wedges
  mit Orangen-Dip 103

Baby-Calamari vom
  Grill 108
Blumenkohl-Auber-
  ginen-Pfanne 140
Brokkoli-Lauch-Suppe
  93
Bulletproof Coffee 47

Ceviche auf Mango-
  Avocado-Bowl 138
Champignon-Maro-
  nensuppe 133
Champignoncreme-
  suppe 69
Cremiger Limet-
  ten-Shake 115
Curcuma Latte –
  Goldene Milch 86

Eier im Glas auf
  Avocado-Salsa 51
Erfrischender Eistee
  und spritzige Limo-
  nade 154
Express-Vitello
  Tonnato mit Chi-
  corée 66

Feigen-Pekannuss-Salat
  mit geräucherter
  Putenbrust 130
Feiner Gurkensalat mit
  Burrata 60
Feldsalat mit Süßkar-
  toffeln und Joghurt-
  Dressing 130

Garnelenspieße mit
  Limetten Marinade
  72
Gefüllte Champignons
  mit Kürbis 104
Gefüllte Eier – Deviled
  Eggs 84
Gurkensalat mit Roast-
  beef, Apfel und
  Radieschen 98

Heringssalat mit grü-
  nem Apfel 129

Italienischer Antipasti-
  Teller 64

Kalte Eisschokolade
  und Eiskaffee 154
Karottenpasta mit
  Käsesauce 104
Kohlrabi-Sticks mit
  würzigem Taco-Dip
  57
Kohlrabisalat mit
  Berglase 96
Kokos-Chia-Pudding
  mit Früchten 90
Kokosjoghurt mit
  Mango 116
Krabbensalat auf
  Romanablättern 97
Kürbis-Tagliatelle
  mit Pinienkernen
  und Parmesan 136

Lamm & Gemüse
  aus dem Ofen 76
Luftige Kokoscreme
  mit Erdbeersauce
  148

Mandel-Protein-Kugeln
  55
Matcha-Pancakes 118

Mediterranes Ofen-
  gemüse mit Hähn-
  chenkeule 106
Mini-Quiches mit
  Gouda und Tomaten
  83

Nuss-Nougat-Shake 86

Omelett mit Speck und
  Tomaten-Salsa 52

Pad Thai mit Süß-
  kartoffel-Pasta und
  Pute 141
Paprika-Curry mit Blu-
  menkohlreis 110
Petersiliencremesuppe
  mit Parmesan 94
Pfifferlingsalat mit
  Ei 65
Pinke Rote-Beten-
  Suppe mit Kokos-
  joghurt 126

Quark-Nocken mit
  heißen Himbeeren
  148
Quarkcreme mit
  Quittenmus 146

Rindercarpaccio
  mit Parmesan und
  Rucola 78
Rindfleischspieße mit
  Süßkartoffel-Dip und
  Feldsalat 142
Romanasalat mit
  Sesamdressing 58
Rostbratwürstchen
  mit Petersilien-
  wurzelstampf 111
Rote-Beten-Salat mit
  Walnüssen 128

Saftige Pancakes mit
  Blaubeeren 88
Schnelle Schoko-Bana-
  nen-Muffins 119
Schneller Cheesecake
  mit Blaubeeren 152
Schokofrüchte mit
  knusprigem Bacon
  oder Kokosraspeln
  150
Schokoporridge mit
  Nashibirne 91
Shirataki-Pasta mit
  Thai-Spargel, Räu-
  cherlachs und Sesam
  62
Superfood Coffee 48
Sushi-Burritos mit
  gebratener Pute und
  Avocado 100
Süßer Cashew-
  milch-Shake 115
Süßer Food-
  punk-»Grießbrei«
  mit Zim 50

Tassenkuchen mit fri-
  schen Erdbeeren 120
Tomaten-Feta-Oli-
  ven-Spieße 123
Tomatensalat mit
  Hanf-Topping und
  Kräuter-Dressing 98

Überbackener
  Spitzkohl 79

Vegetarische Pakoras
  mit Curry-Dip 70

Zitrone-Mohn-Muffins
  54
Zucchini-Pasta mit
  Fenchel und Kürbis-
  kernen 74

Impressum

1. Auflage 2018
© 2018 by Südwest Verlag, einem Unternehmen der Verlagsgruppe Random House GmbH, Neumarkter Straße 28, 81673 München

Alle Rechte vorbehalten. Vollständige oder auszugsweise Reproduktion, gleich welcher Form (Fotokopie, Mikrofilm, elektronische Datenverarbeitung oder durch andere Verfahren), Vervielfältigung, Weitergabe von Vervielfältigungen nur mit schriftlicher Genehmigung des Verlags.

Hinweis: Alle Rechte vorbehalten. Vollständige oder auszugsweise Reproduktion, gleich welcher Form (Fotokopie, Mikrofilm, elektronische Datenverarbeitung oder durch andere Verfahren), Vervielfältigung, Weitergabe von Vervielfältigungen nur mit schriftlicher Genehmigung des Verlags.

Hinweis: Das vorliegende Buch ist sorgfältig erarbeitet worden. Dennoch erfolgen alle Angaben ohne Gewähr. Weder Autorin noch Verlag können für eventuelle Nachteile oder Schäden, die aus den im Buch gegebenen Hinweisen resultieren, eine Haftung übernehmen.

Sollte diese Publikation Links auf Webseiten Dritter enthalten, so übernehmen wir für deren Inhalte keine Haftung, da wir uns diese nicht zu eigen machen, sondern lediglich auf deren Stand zum Zeitpunkt der Erstveröffentlichung verweisen.

Bildnachweis: Fotografie und Styling: Udo Einenkel
Foodstyling: Udo Einenkel, Roland Göbel
Autorenfoto: Mitya Kolomiyets

Vielen Dank an die Fa. Gastroideen und Churchill
für einen Teil der im Buch verwendeten Teller.
www.gastroideen.com
www.churchill1795.com

Redaktionsleitung: Dr. Harald Kämmerer
Projektleitung: Ann-Kathrin Kunz, Eva M. Salzgeber
Redaktion: Claudia Fritzsche
Layout: OH, JA! (www.oh-ja.com)
Satz: kreativsatz, Nadine Thiel, Baldham
Umschlaggestaltung: OH, JA!, München, unter Verwendung der Fotos von Udo Einenkel
Bildredaktion: Sabine Kestler
Reproduktion: Mohn media Mohndruck GmbH, Gütersloh
Druck und Verarbeitung: DZS Grafik, Ljubljana

Printed in Slovenia

Verlagsgruppe Random House FSC® N001967

ISBN 978-3-517-09685-8
www.suedwest-verlag.de

Individuell abnehmen mit
Low Carb typgerecht

Das erste Buch der jungen Erfolgsbloggerin von »Foodpunk«

Inklusive Ernährungsplan mit 70 Rezepten

Vegetarische und vegane Alternativen, Lunch fürs Büro

160 Seiten I 17,99 € [D]
ISBN 978-3-517-09573-8

Leseprobe unter suedwest-verlag.de

DIE DARM-BESTSELLERREIHE

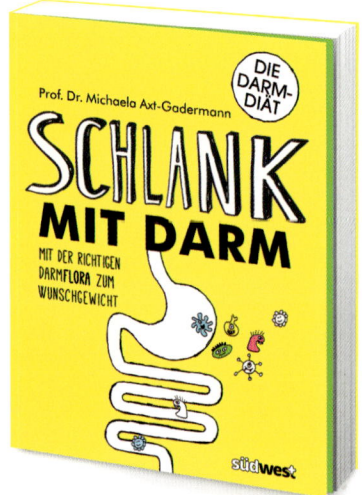

192 Seiten | € 16,99 (D)
ISBN 978-3-517-09365-9

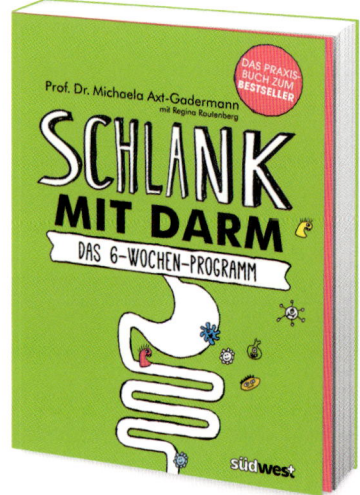

192 Seiten | € 16,99 (D)
ISBN 978-3-517-09422-9

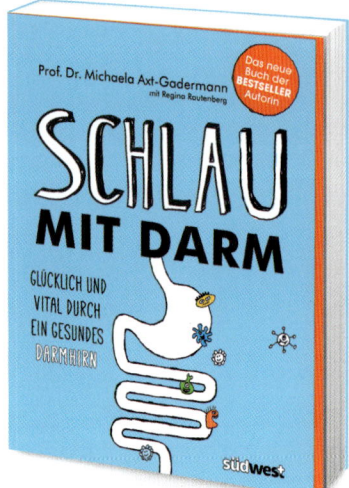

192 Seiten | 16,99 € (D)
ISBN 978-3-517-09469-4

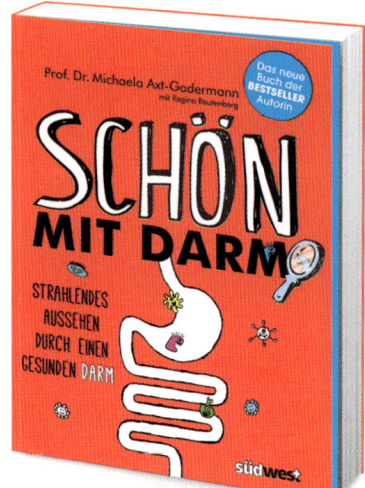

192 Seiten | € 16,99 (D) |
SBN 978-3-517-09614-8

Mehr Infos zu den Büchern finden Sie auf
www.suedwest-verlag.de